कविता और शायरी VOL - 8

श्रीराज मेनन

क्रम-सूची

क्रम-सूची

क्रम-सूची

क्रम-सूची

क्रम-सूची

भूमिका

पुस्तक में लेखक द्वारा लिखित हिंदी कविताएँ और शायरी शामिल हैं। इसमें कविताएं, शायरी और प्रेरणादायक उद्धरण शामिल हैं।

इस पुस्तक में लेखक द्वारा लिखी गई कुछ कविताएँ और शायरियाँ हैं जो प्रेम, प्रकृति और जीवन के सामान्य दैनिक पहलुओं पर आधारित हैं। कुछ प्रेरक प्रसंग भी हैं। प्यार में पाया गया प्यार, खोया हुआ प्यार और फिर से जगा हुआ प्यार शामिल है। इसी तरह, प्रकृति में प्रकृति का महत्व है और लोग बिना किसी दुष्प्रभाव के प्रकृति का अपने फायदे के लिए दुरुपयोग करते हैं। सामान्य में जीवन के सामान्य पहलू होते हैं जो लोगों और परिवेश के साथ चलते हैं।

पावती (स्वीकृति)

मैं अपने उन दोस्तों को धन्यवाद देना चाहता हूं जिन्होंने मुझे कविताएं और शायरी लिखने के लिए प्रेरित किया, जिसे मैं कहता था और भूल जाता था। मैं Your Quote प्लेटफॉर्म और उसके सभी सदस्यों और समूहों को भी धन्यवाद देना चाहता हूं जिन्होंने मुझे अनुमति दी और मुझे इसके मंच पर अपनी सामग्री लिखने के लिए प्रेरित किया। मैं नोशन प्रेस और उसके सभी सदस्यों को भी धन्यवाद देना चाहता हूं जिन्होंने मुझे अपनी सामग्री को अपने मंच और समय-समय पर मार्गदर्शन के माध्यम से प्रकाशित करने की अनुमति दी, जो उन्होंने मुझे मेरी त्रुटियों को ठीक करने के लिए दिया।

1. आशियाना - निवास स्थान

आशियाना अपने सजाए बैठे है तुम्हारे ही राह में
कब आओगी सनम अपना बनकर मेरी बाहों में

— Raj

आशियाना/ آشیانا
house/निवास स्थान

2. वक़्त नहीं है कहने वाले

वक़्त नहीं है, कहने वाले
अब भी वक़्त नहीं है क्या
वक़्त के अनुसार चलने वाले
कभी भी वक़्त रुखा है क्या

वक़्त अपने आप बनता नहीं
बनाना पड़ता है पता है क्या
चौबीस घंटे भी कम पड़ जाए
ऐसा काम कभी होता है क्या

— Raj
YourQuote.in

3. उम्मीद तो बहुत थी

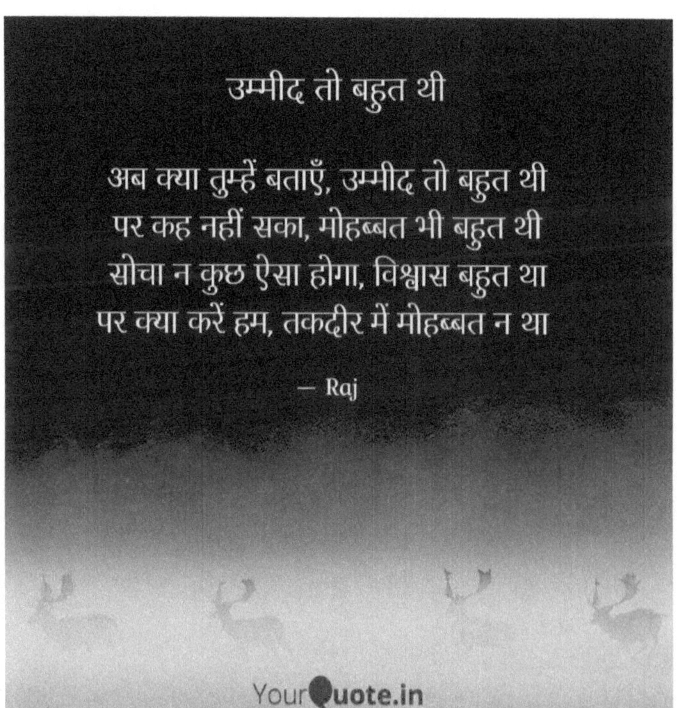

उम्मीद तो बहुत थी

अब क्या तुम्हें बताएँ, उम्मीद तो बहुत थी
पर कह नहीं सका, मोहब्बत भी बहुत थी
सोचा न कुछ ऐसा होगा, विश्वास बहुत था
पर क्या करें हम, तकदीर में मोहब्बत न था

— Raj

YourQuote.in

4. अत्याचार

STOP
आपकी सहेली
एक कदम साहित्य की ओर
ऐसी क्या है मज़बूरी दिल की जो उदास होती हो
क्यों सह रही हो अत्याचार जो दर्द में रहती हो

छोड़ दो वो सारे बंधन को जो नासूर हो चुका है
हो जाओ आज़ाद हर बंधन से जो दर्द देता है

— Raj

काव्य प्रतियोगिता 33

5. अंजाम

अंजाम

अंजाम की परवाह न कर
यूँ अपना कर्म किया कर

कर्म अगर अच्छा हो जाए
अंजाम भी अच्छा वो पाए

बुरे कर्म का बुरा है अंजाम
अच्छा कर्म करता चला चल

इस मुश्किल भरें राह में अपने
खूबसूरत निशान छोड़ता चल

– Raj

6. बहती है नदिया की धारा

7. तकदीर में नहीं था

अर्ज़ कुछ यूँ किया है ज़रा गौर फरमाइयेगा

चाहकर भी जिसे हम पा ना सका शायद तकदीर में नहीं था
चाहकर भी जिसे हम पा ना सका शायद तकदीर में नहीं था
बिन चाहकर भी कुछ पाया नहीं शायद नसीब में नहीं था

चाहता हूँ मेरी ज़िन्दगी में उजाले की किरण छा जायें
चाहता हूँ मेरी ज़िन्दगी में उजाले की किरण छा जायें
अंधेरों के सिवा कुछ और शायद नसीब नहीं था

— Raj

8. चाँद सा दाग़

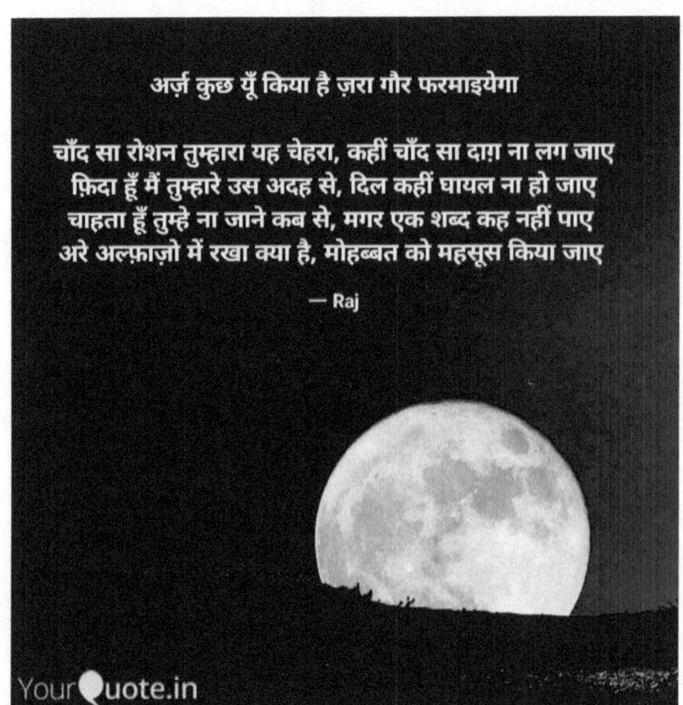

अर्ज़ कुछ यूँ किया है ज़रा गौर फरमाइयेगा

चाँद सा रोशन तुम्हारा यह चेहरा, कहीं चाँद सा दाग़ ना लग जाए
फ़िदा हूँ मैं तुम्हारे उस अदह से, दिल कहीं घायल ना हो जाए
चाहता हूँ तुम्हे ना जाने कब से, मगर एक शब्द कह नहीं पाए
अरे अल्फ़ाज़ो में रखा क्या है, मोहब्बत को महसूस किया जाए

— Raj

YourQuote.in

9. तपता सूरज की रौशनी

10. अँधेरा और उजाला

अर्ज़ कुछ यूँ किया है ज़रा गौर फरमाइयेगा

होता है अंधेरा हंर एक के जीवन में यह ज़िन्दगी है जनाब
होता है अंधेरा हर एक के जीवन में यह ज़िन्दगी है जनाब
हर अंधेरा के बाद होती है उजाला यह भी सच है जनाब

— Raj

Your Quote.in

11. कुसूरवार-बेकसूर

अर्ज़ कुछ यूँ किया है ज़रा गौर फरमाइयेगा

जिसका जिम्मेदार जो लोग है वो तो
वातानुकूल कक्ष में आराम फ़रमा रहा है

बेचारा बेकसूर लोग जो कुछ नहीं
जानते वो तो बेवजह ही मारा जा रहा है

निय्यती क़ा इन्साफ कुछ इस क़दर है
कुसूरवार बाहर और बेकसूर दंड सह रहा है

वाह रे दुनिया ये तेरी रीत हमें क्यों रूला रहा है

— Raj

12. खूबसूरती तन की

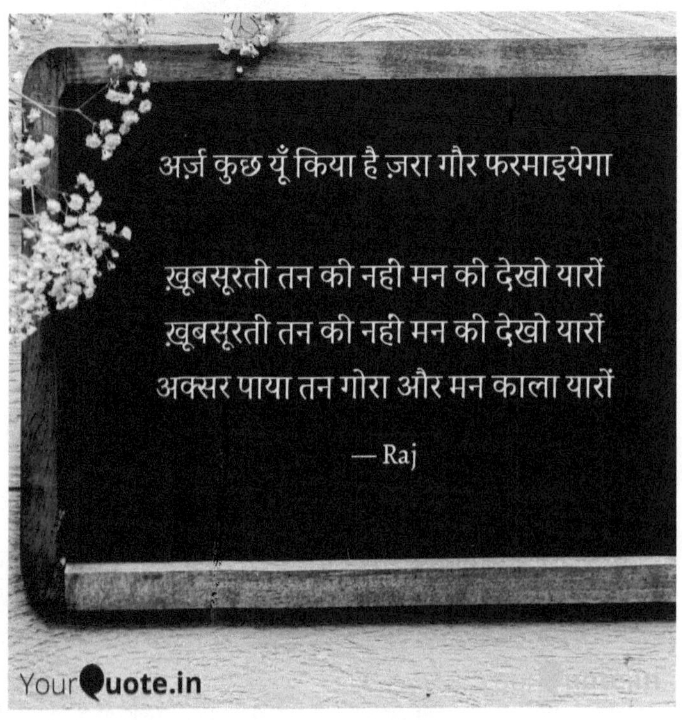

अर्ज़ कुछ यूँ किया है ज़रा गौर फरमाइयेगा

ख़ूबसूरती तन की नही मन की देखो यारों
ख़ूबसूरती तन की नही मन की देखो यारों
अक्सर पाया तन गोरा और मन काला यारों

— Raj

YourQuote.in

13. कश्तिया डूबता है

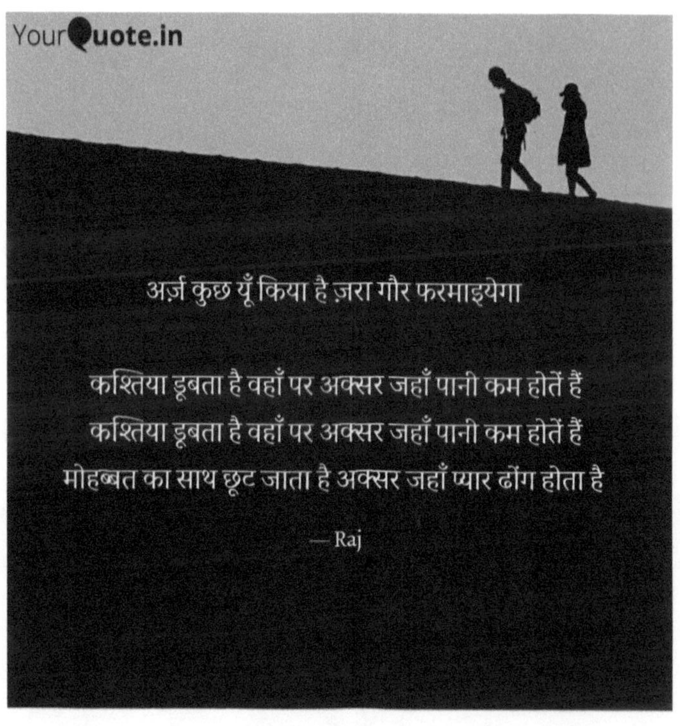

अर्ज़ कुछ यूँ किया है ज़रा गौर फरमाइयेगा

कश्तिया डूबता है वहाँ पर अक्सर जहाँ पानी कम होतें हैं
कश्तिया डूबता है वहाँ पर अक्सर जहाँ पानी कम होतें हैं
मोहब्बत का साथ छूट जाता है अक्सर जहाँ प्यार ढोंग होता है

— Raj

14. बेवफ़ा ज़िन्दगी

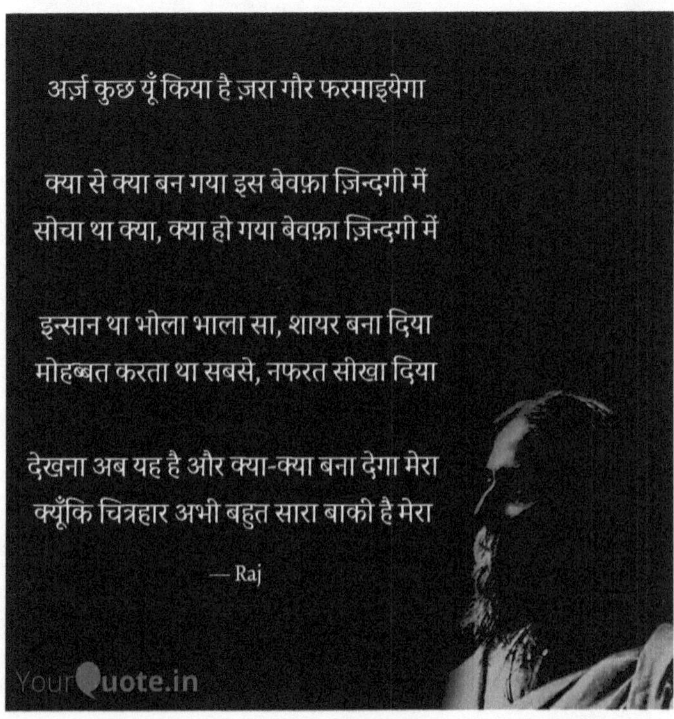

अर्ज़ कुछ यूँ किया है ज़रा गौर फरमाइयेगा

क्या से क्या बन गया इस बेवफ़ा ज़िन्दगी में
सोचा था क्या, क्या हो गया बेवफ़ा ज़िन्दगी में

इन्सान था भोला भाला सा, शायर बना दिया
मोहब्बत करता था सबसे, नफरत सीखा दिया

देखना अब यह है और क्या-क्या बना देगा मेरा
क्यूँकि चित्रहार अभी बहुत सारा बाकी है मेरा

— Raj

15. लाभ हानि का हिसाब

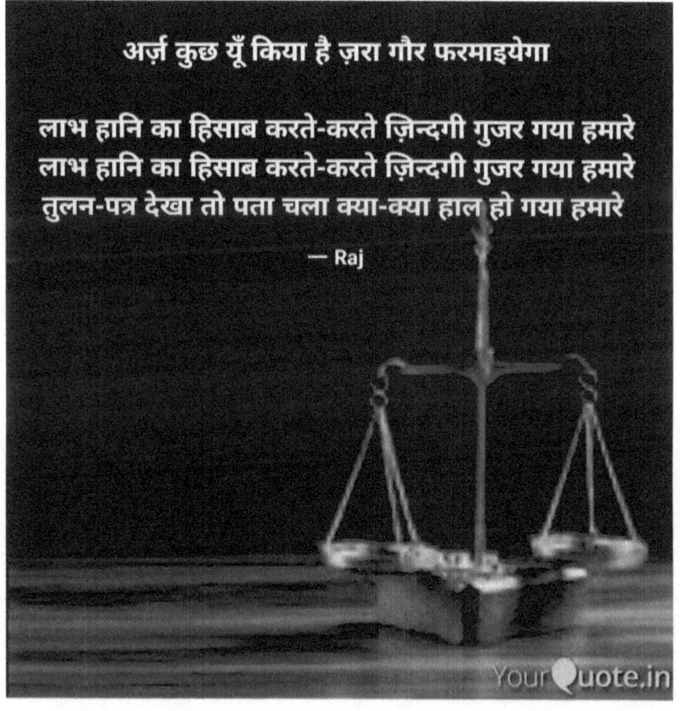

अर्ज़ कुछ यूँ किया है ज़रा गौर फरमाइयेगा

लाभ हानि का हिसाब करते-करते ज़िन्दगी गुजर गया हमारे
लाभ हानि का हिसाब करते-करते ज़िन्दगी गुजर गया हमारे
तुलन-पत्र देखा तो पता चला क्या-क्या हाल हो गया हमारे

— Raj

16. लाशों की ढेर में

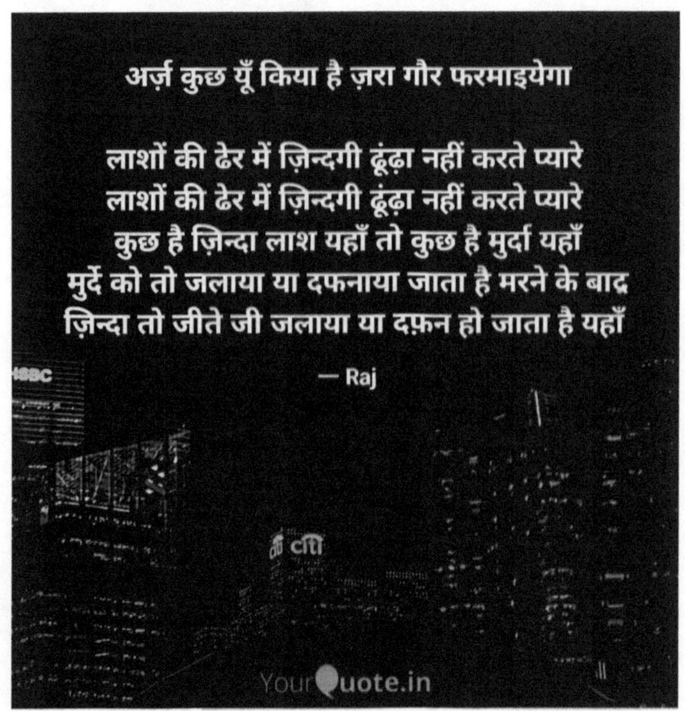

अर्ज़ कुछ यूँ किया है ज़रा गौर फरमाइयेगा

लाशों की ढेर में ज़िन्दगी ढूंढ़ा नहीं करते प्यारे
लाशों की ढेर में ज़िन्दगी ढूंढ़ा नहीं करते प्यारे
कुछ है ज़िन्दा लाश यहाँ तो कुछ है मुर्दा यहाँ
मुर्दे को तो जलाया या दफनाया जाता है मरने के बाद
ज़िन्दा तो जीते जी जलाया या दफ़न हो जाता है यहाँ

— Raj

17. नफ़रत की दुनिया में

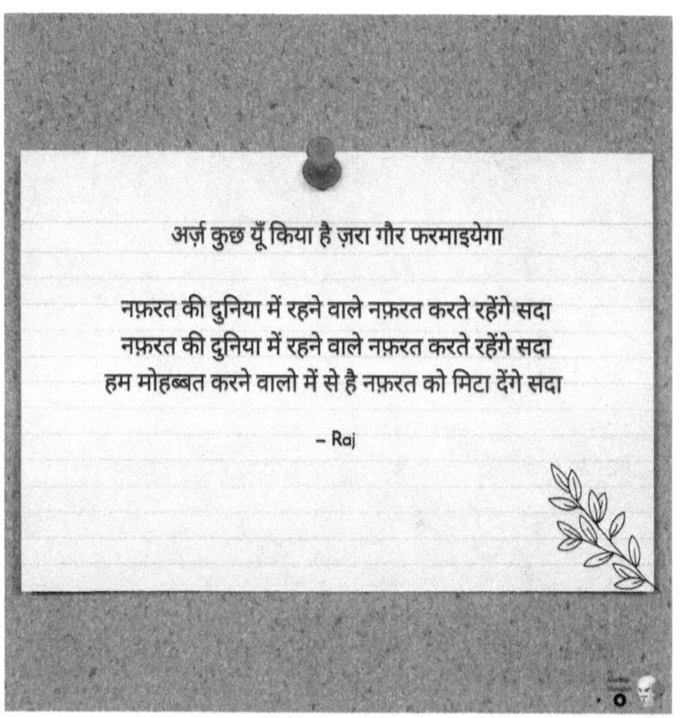

18. ख़ुशियाँ और पैसा

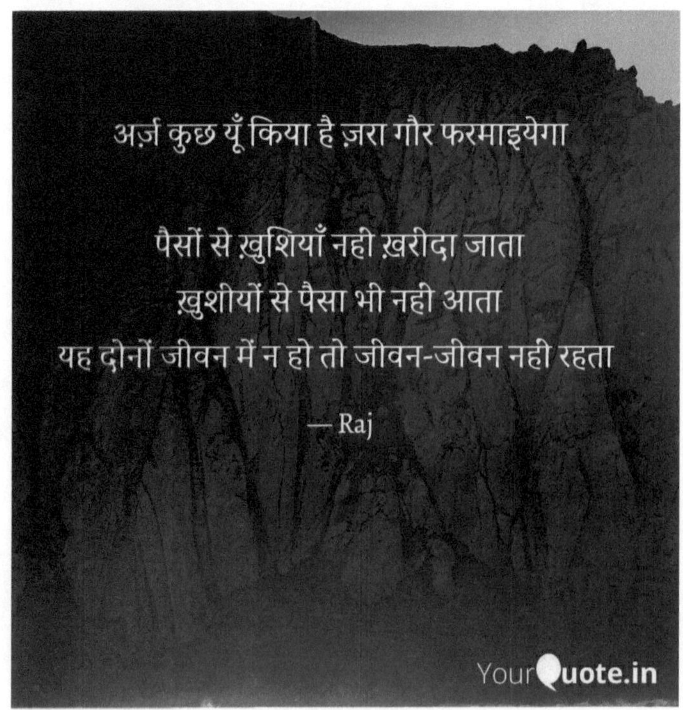

अर्ज़ कुछ यूँ किया है ज़रा गौर फरमाइयेगा

पैसों से ख़ुशियाँ नही ख़रीदा जाता
ख़ुशीयों से पैसा भी नही आता
यह दोनों जीवन में न हो तो जीवन-जीवन नही रहता

— Raj

19. रात के अफ़साने

अर्ज़ कुछ यूँ किया है ज़रा गौर फरमाइयेगा

रात के अफ़साने कहा नही जाता
दिन की बातें सहा नही जाता
अब तुम बिन जिया नही जाता
तुमसे दूर होकर रहा भी नही जाता

— Raj

20. देखकर तेरी सूरत

21. सुबह की किरण

अर्ज़ कुछ यूँ किया है ज़रा गौर फरमाइयेगा

सुबह की किरण और गर्म चाय का प्याला
दिन की शुरुआत सकारात्मक हो जायें यहाँ

आप सबका दिन खुशियों से भरा हो जायें
दुआ है सु:ख चैन मिले और बरकत हो जायें

— Raj

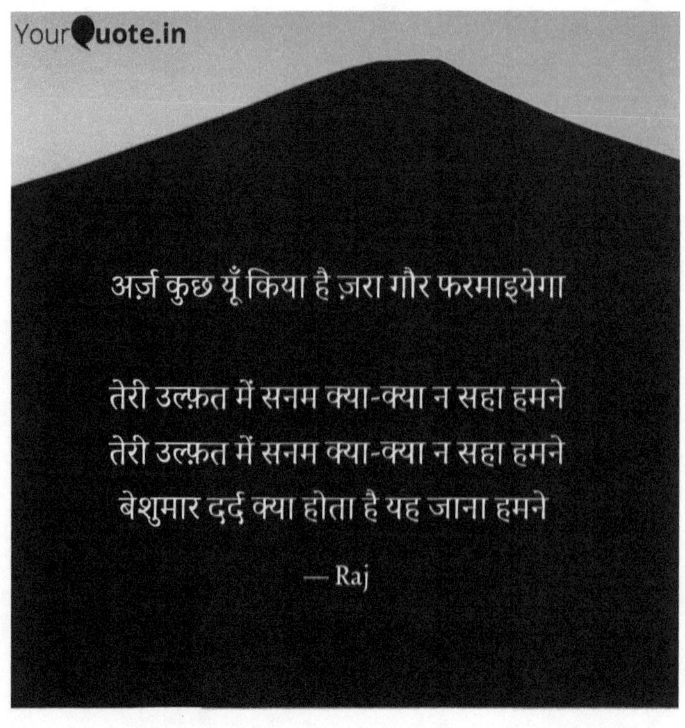
अर्ज़ कुछ यूँ किया है ज़रा गौर फरमाइयेगा

तेरी उल्फ़त में सनम क्या-क्या न सहा हमने
तेरी उल्फ़त में सनम क्या-क्या न सहा हमने
बेशुमार दर्द क्या होता है यह जाना हमने

— Raj

23. तसव्वुर-ए-उल्फ़त

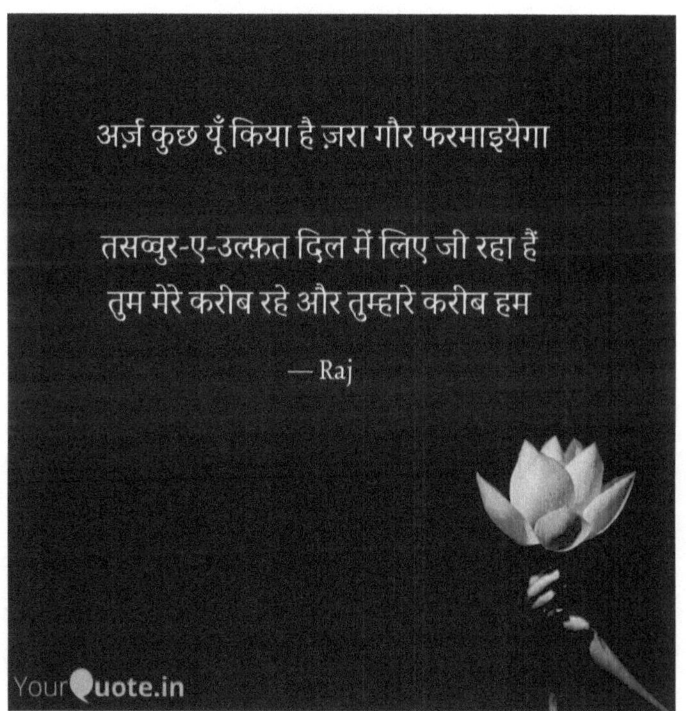

24. तूफान-ए-इश्क़

अर्ज़ कुछ यूँ किया है ज़रा गौर फरमाइयेगा

तूफान-ए-इश्क़ जब भी आता है दिल में
कहर-ए-तबाही मचा कर चले जाते है

होश-ओ-हवास खो देता है इन्सान महफ़िल में
दर्द-ए-दिल की मरहम ढूंढता रह जाता है

— Raj

25. वफ़ा की राह में

अर्ज़ कुछ यूँ किया है ज़रा गौर फरमाइयेगा

वफ़ा की राह में बेवफ़ाई का आलम है
वफ़ा की रहा में बेवफ़ाई का आलम है
विश्वास की डगर पर धोके का इल्जाम है
किस पर ऐतबार करु ऐ रब मेरे
अब तो खुद पर यकीन का सवाल है

— Raj

26. तकदीर-ए-आला

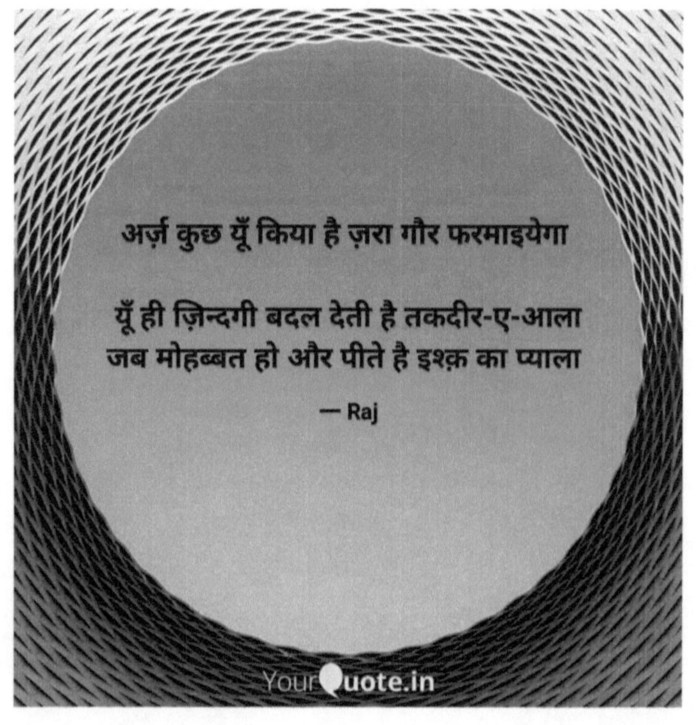

अर्ज़ कुछ यूँ किया है ज़रा गौर फरमाइयेगा

यूँ ही ज़िन्दगी बदल देती है तकदीर-ए-आला
जब मोहब्बत हो और पीते है इश्क़ का प्याला

— Raj

27. ज़िन्दगी की दौड़ में

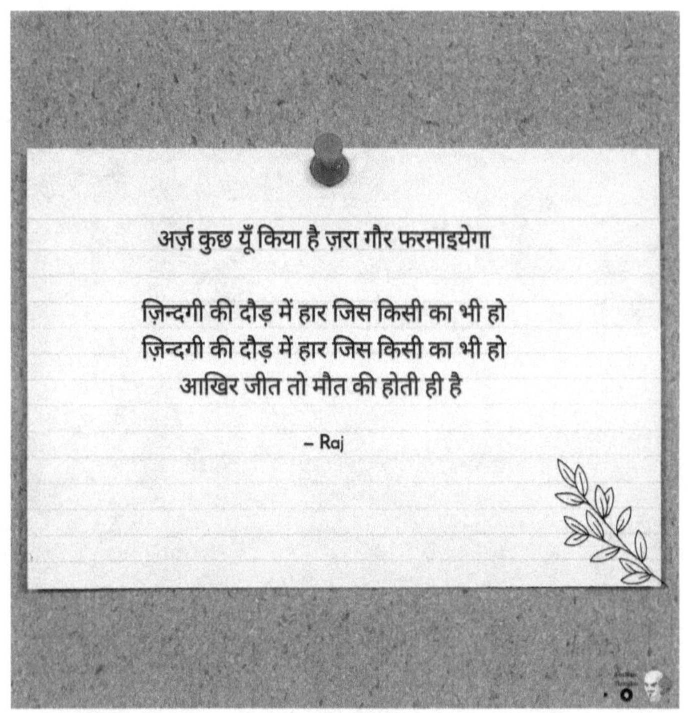

अर्ज़ कुछ यूँ किया है ज़रा गौर फरमाइयेगा

ज़िन्दगी की दौड़ में हार जिस किसी का भी हो
ज़िन्दगी की दौड़ में हार जिस किसी का भी हो
आखिर जीत तो मौत की होती ही है

– Raj

28. बादल, हवा और बारिश

बादल, हवा और बारिश
दृश्य कितना सुंदर है
गरज और बिजली के साथ पीछा किया
बारिश कितनी मनमोहक है
मानव जाति के प्रति प्रकृति का प्रेम
हमेशा जादुई और मोहक होता है
पूरे ब्रह्मांड में हरियाली
यह आँखों के लिए कितना सुखद लगता है
जब मनुष्य प्रकृति के उपहार का दुरुपयोग करता है
कितना दर्द होता है
आपदाएं प्रकृति के विरोध के संकेत के रूप में होती हैं
लेकिन फिर भी मनुष्य प्रकृति को नहीं समझते और उसकी
रक्षा नहीं करते हैं

— Raj

29. ख़ामोश कर दिया

प्रतियोगिता-¥182
रचना का सार
ख़ामोश कर दिया

बेवफ़ा-ए-इश्क़ की कहानी को ख़ामोश कर दिया
सरे आम मेरे दर्द-ए-दिल को नीलाम कर गया

क़ुसूर इश्क़ का नहीं मेरे बदनसीब तक़दीर का था
वफ़ा-ए-इश्क़ की जगह बेवफ़ाई ही नसीब हुआ

ख़ुदा करें ऐसी तक़दीर किसी को नसीब ना हो जायें
दुआ करता हूँ रब से सबको खुशियाँ नसीब हो जायें

— Raj

30. क़लंदर - संत

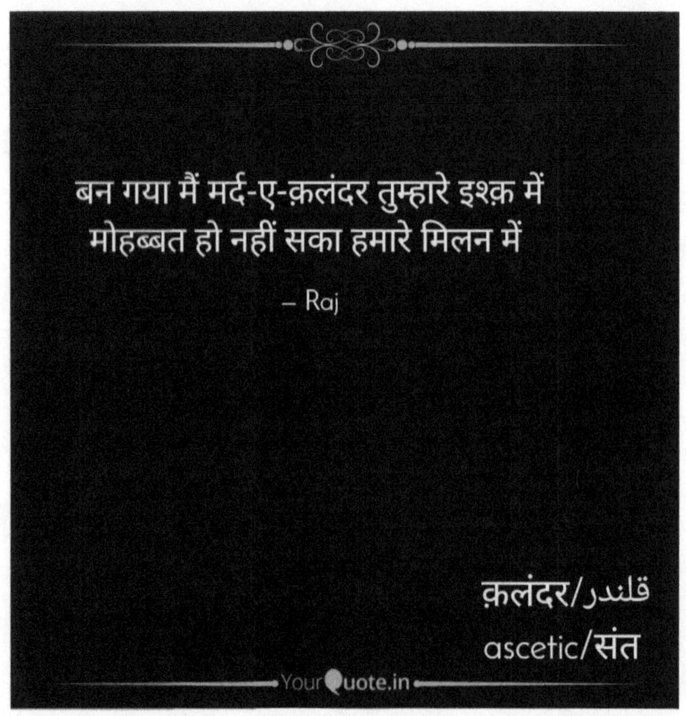

बन गया मैं मर्द-ए-क़लंदर तुम्हारे इश्क़ में
मोहब्बत हो नहीं सका हमारे मिलन में
– Raj
क़लंदर/قلندر
ascetic/संत

31. चल तू अकेला

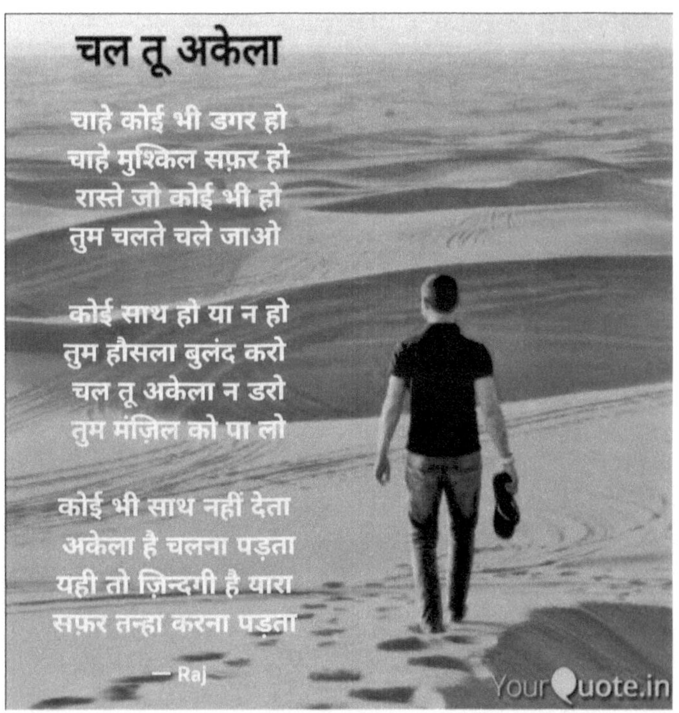

चल तू अकेला

चाहे कोई भी डगर हो
चाहे मुश्किल सफ़र हो
रास्ते जो कोई भी हो
तुम चलते चले जाओ

कोई साथ हो या न हो
तुम हौसला बुलंद करो
चल तू अकेला न डरो
तुम मंज़िल को पा लो

कोई भी साथ नहीं देता
अकेला है चलना पड़ता
यही तो ज़िन्दगी है यारा
सफ़र तन्हा करना पड़ता

— Raj

32. चाँद की तरह

"चाँद की तरह"
चाँद की तरह नूरानी चेहरा तुम्हारा
दिल को यूँ घायल कर गया हमारा
जैसे इस ज़मीन पर उतर गया हो
हुस्न का कोई अप्सरा जन्नत का
— Raj
YourQuote.in

33. ये ज़िन्दगी

"ये ज़िन्दगी"
चार दिन की ये ज़िन्दगी में दो दिन तो बीत गए
रह गया है दो दिन क्यों ना प्यार में गुज़ार लें
रंजिशों की बेड़ियाँ तोड़कर ज़रा मोहब्बत कर लें
मोहब्बत की दुनिया में अपना आशियाँ बना लें
खूबसूरत सी इस आशियाँ में प्रेम का फूल खिलाएं
प्रेम की इस फूलों से सुन्दर सा दुनिया बनाएं
— Raj
YourQuote.in

34. सम्त - दिशा

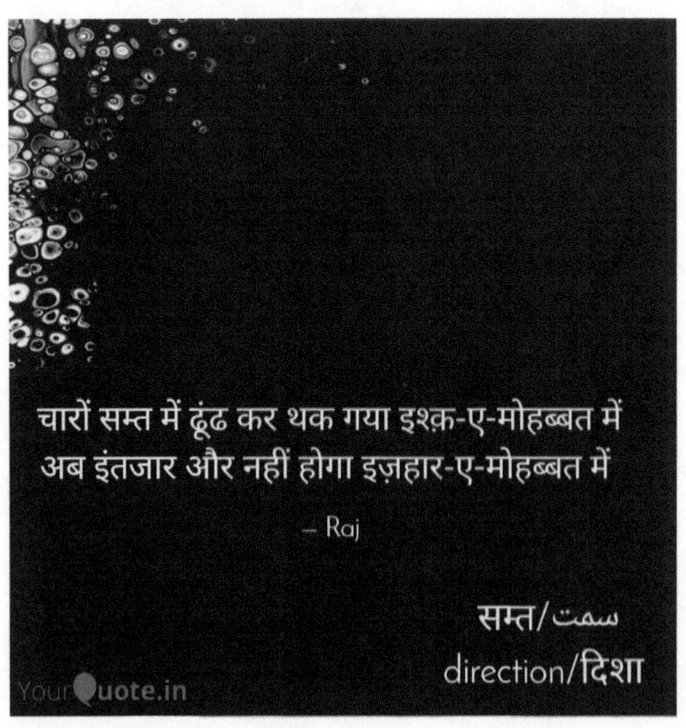

चारों सम्त में ढूंढ कर थक गया इश्क़-ए-मोहब्बत में
अब इंतजार और नहीं होगा इज़हार-ए-मोहब्बत में

— Raj

सम्त/سمت
direction/दिशा

35. चीजों की अहमियत

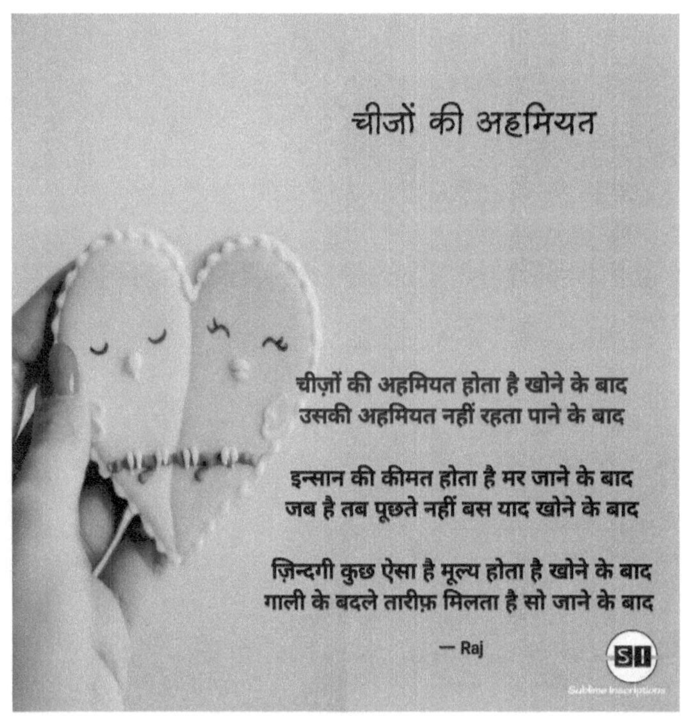

चीजों की अहमियत

चीज़ों की अहमियत होता है खोने के बाद
उसकी अहमियत नहीं रहता पाने के बाद

इन्सान की कीमत होता है मर जाने के बाद
जब है तब पूछते नहीं बस याद खोने के बाद

ज़िन्दगी कुछ ऐसा है मूल्य होता है खोने के बाद
गाली के बदले तारीफ़ मिलता है सो जाने के बाद

— Raj

Sublime Inscriptions

36. यादों में

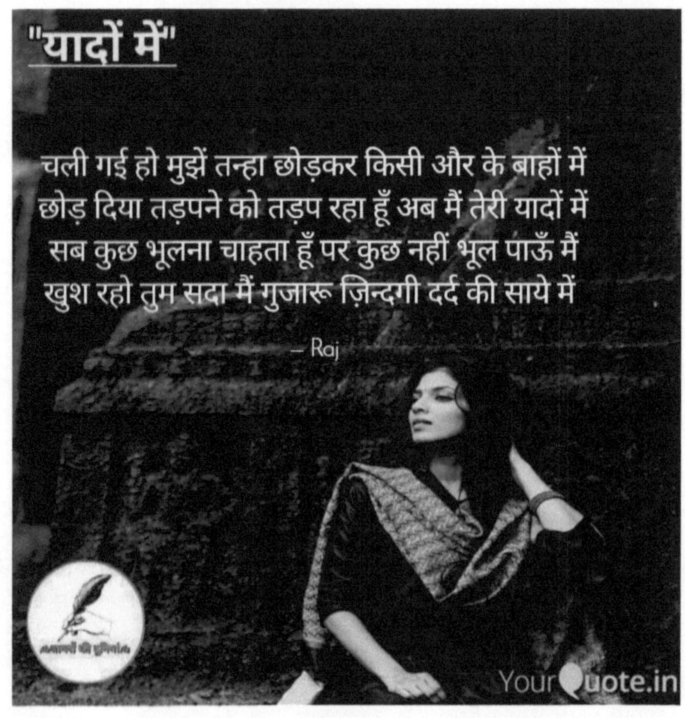

"यादों में"

चली गई हो मुझें तन्हा छोड़कर किसी और के बाहों में
छोड़ दिया तड़पने को तड़प रहा हूँ अब मैं तेरी यादों में
सब कुछ भूलना चाहता हूँ पर कुछ नहीं भूल पाऊँ मैं
खुश रहो तुम सदा मैं गुजारू ज़िन्दगी दर्द की साये में

— Raj

YourQuote.in

37. आसमान की तलाश में

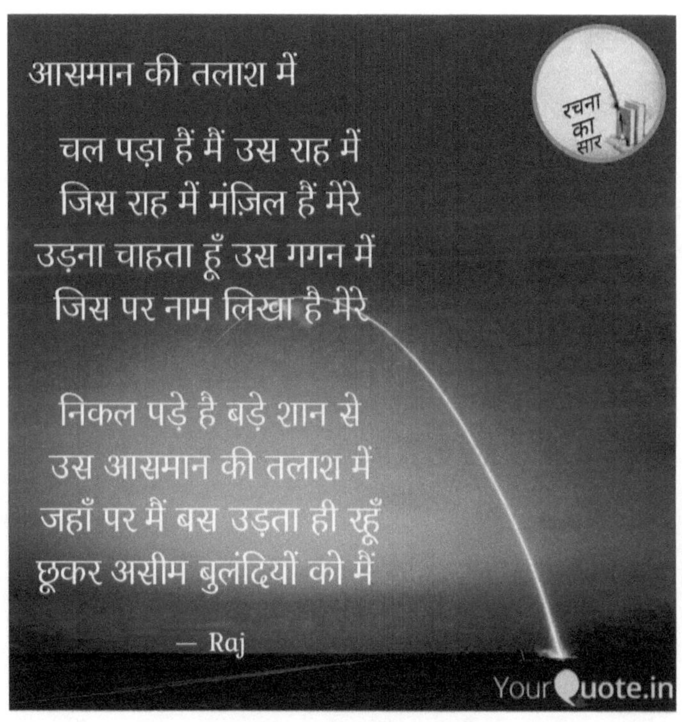

38. अच्छे कर्मों के पीछे

अच्छे कर्मों के पीछे

देखा नहीं इंसानियत इस दुनिया में कहीं पर
जहाँ देखा बहुत कम देखा इंसान यहाँ पर

चारो तरफ़ है हैवानियत से भरा हुआ मंज़र
देखकर चल जाता है मासूम दिल में खंजर

अच्छे कर्मों के पीछे आता है अच्छा नतीजा
बुरे कर्मों का होता है हाल बहुत बुरा नतीजा

इंसान हो तो इंसानों की तरह रहा करो यारो
अच्छा काम कर कर्म अपना अच्छा रखो यारो

सुना है नरक नसीब होता है कर्म अगर बुरा हो
जन्नत नसीब होता है जिसका कर्म अच्छा हो

— Raj

39. देखा नहीं जाएगा

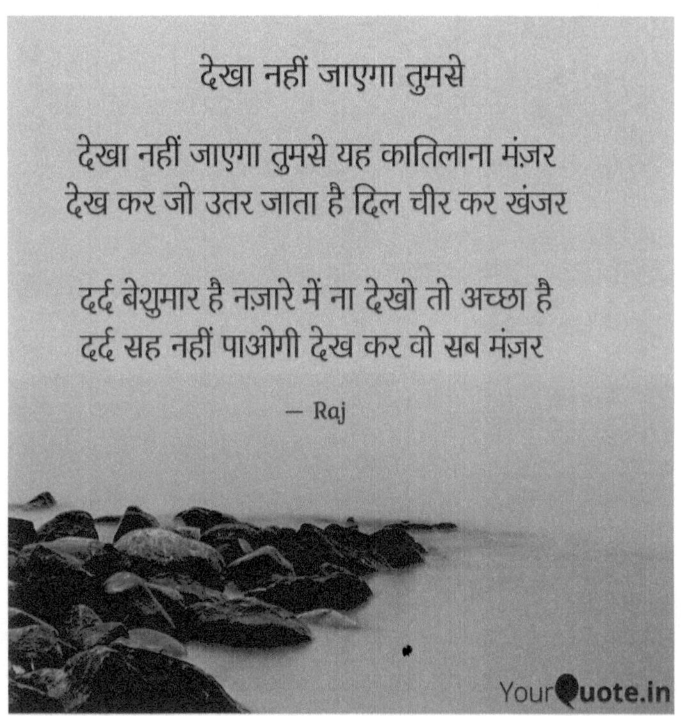

देखा नहीं जाएगा तुमसे

देखा नहीं जाएगा तुमसे यह कातिलाना मंज़र
देख कर जो उतर जाता है दिल चीर कर खंजर

दर्द बेशुमार है नज़ारे में ना देखो तो अच्छा है
दर्द सह नहीं पाओगी देख कर वो सब मंज़र

— Raj

40. दिल हमारा इस तरह

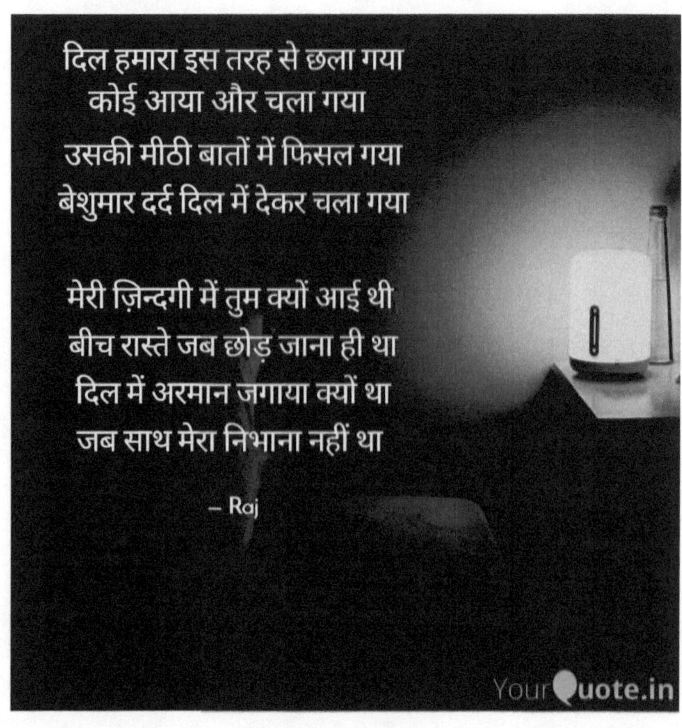

41. प्रेम की अग्नि को

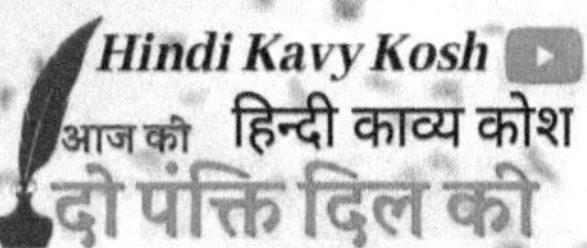

Hindi Kavy Kosh
हिन्दी काव्य कोश
आज की
दो पंक्ति दिल की
प्रेम की अग्नि को सुलगा कर,
नफरत को पिघलाना होगा
दिल की सारे रंजिश को भुल कर,
प्यार का दीपक जलाना होगा
— Raj
कॉमेंट में द्वितीय पंक्ति लिखें
© आज की 'दो पंक्ति दिल की' कार्यक्रम के अंतर्गत हिन्दी काव्य कोश द्वारा दी गई एक पंक्ति पर उन रचनाकरों का अधिकार होगा जो इसकी दूसरी पंक्ति लिखते हैं।
कोई भी रचनाकार इन पंक्तियों के प्रयोग कर अपनी रचना लिख सकता है अथवा अपनी रचना में सम्मलित कर सकता है।

42. शब-ए-फ़िराक़ - जुदाई की रात

43. मुझे ये एहसास है

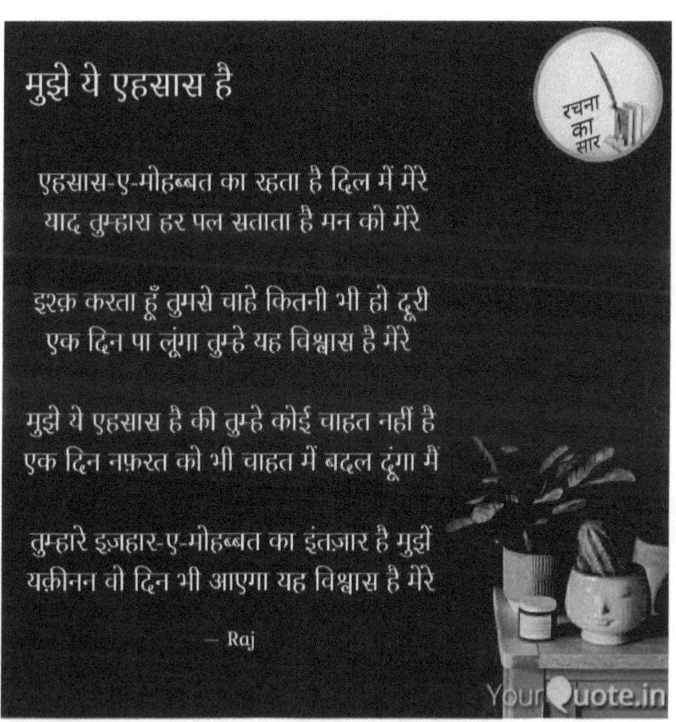

मुझे ये एहसास है

एहसास-ए-मोहब्बत का रहता है दिल में मेरे
याद तुम्हारी हर पल सताता है मन को मेरे

इश्क़ करता हूँ तुमसे चाहे कितनी भी हो दूरी
एक दिन पा लूंगा तुम्हे यह विश्वास है मेरे

मुझे ये एहसास है की तुम्हे कोई चाहत नहीं है
एक दिन नफ़रत को भी चाहत में बदल दूंगा मै

तुम्हारे इज़हार-ए-मोहब्बत का इंतज़ार है मुझें
यक़ीनन वो दिन भी आएगा यह विश्वास है मेरे

— Raj

44. फ़िर किसी मोड़ पर

फ़िर किसी मोड़ पर

फ़िर किसी मोड़ पर हमारी मुलाक़ात होगा
ज़िन्दगी की नए-नए खूबसूरत सौगात होगा

दिल से दिल मिल जाए ढेर सारा मोहब्बत होगा
मोहब्बत की दुनिया में अपना भी पहचान होगा

— Raj

45. ग़लतफ़हमी

गलतफहमी

गलतफहमी अक्सर होता ही रहता है
इन्सान है गलतियां होती ही रहती है

हर मर्ज़ का इलाज है इस दुनिया में
गलतफहमी की कोई मरहम नहीं है

कितना भी सुलझाने की कोशिश करें
गलतफहमी कभी भी दूर होती नहीं है

आँखों से देखें नहीं कानो से सुने नहीं
अनुभव बिना लोग कुछ समझते नहीं

गलतफहमी जब दूर होती है लोगों का
बहुत देर हो चुकी होती है इलज़ाम का

पश्चाताप के आग में जलते है फिर लोग
जब समझ जाता है सही बात को यहाँ

— Raj

••प्रोफाउंड राईटर्स सुरम्य••

46. वृक्ष बनों

वृक्ष बनों
हैवान नहीं इंसान बनो
शैतान नहीं मानव बनो
जमीन नहीं तुम वृक्ष बनो
प्रेम की एक मिसाल बनो

घने धूप में तुम छाव बनो
तुम फल फूल प्रदान करो
पतझड़ में तुम बहार बनो
सदा खिलते फलते रहो
— Raj
अपनी ज़बान

47. शिफ़ा - बीमारी से स्वस्त

हर दर्द का शिफ़ा बेपनाह इश्क़ है
बस मरहम लगाने वाली या वाला चाहिए

बेपनाह इश्क़ से खुशहाली आती जरूर है
बस सच्चा इश्क़ निभाने वाली या वाला चाहिए

— Raj

शिफ़ा/ شفا

Cure/बीमारी से स्वस्थ होना

48. हर कहानी के पीछे

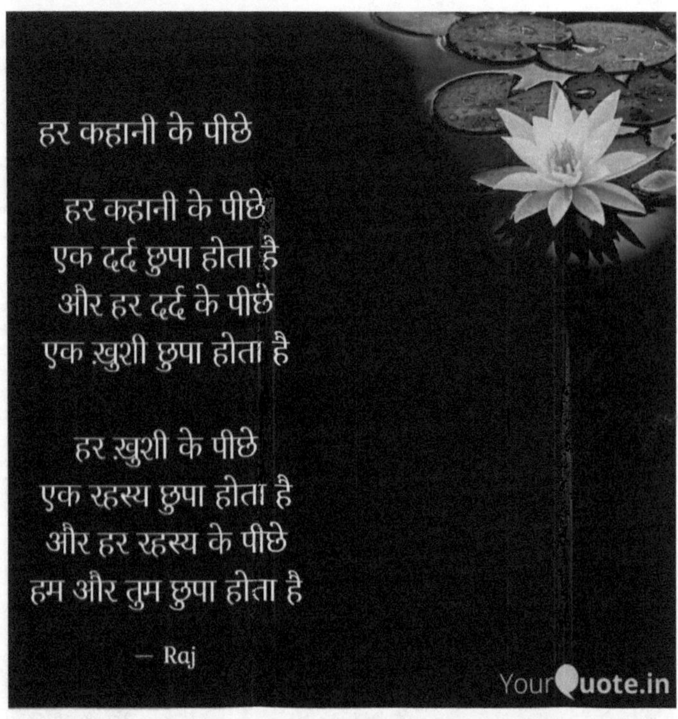

हर कहानी के पीछे

हर कहानी के पीछे
एक दर्द छुपा होता है
और हर दर्द के पीछे
एक ख़ुशी छुपा होता है

हर ख़ुशी के पीछे
एक रहस्य छुपा होता है
और हर रहस्य के पीछे
हम और तुम छुपा होता है

— Raj

YourQuote.in

49. हर समस्या का हल

हर समस्या का हल है

हर समस्या का हल है
बस ढूंढ़ने की जरुरत है
ऐसा कोई समस्या नहीं
जिसका कोई हल नहीं

हिम्मत ना हार समस्यों पर
यह तो आता जाता रहेगा
असंभव शब्द निकाल दो
हर चीज़ है संभव यहाँ

— Raj

50. राह कठिन और मंज़िल दूर

51. हसरतें तो बहुत है

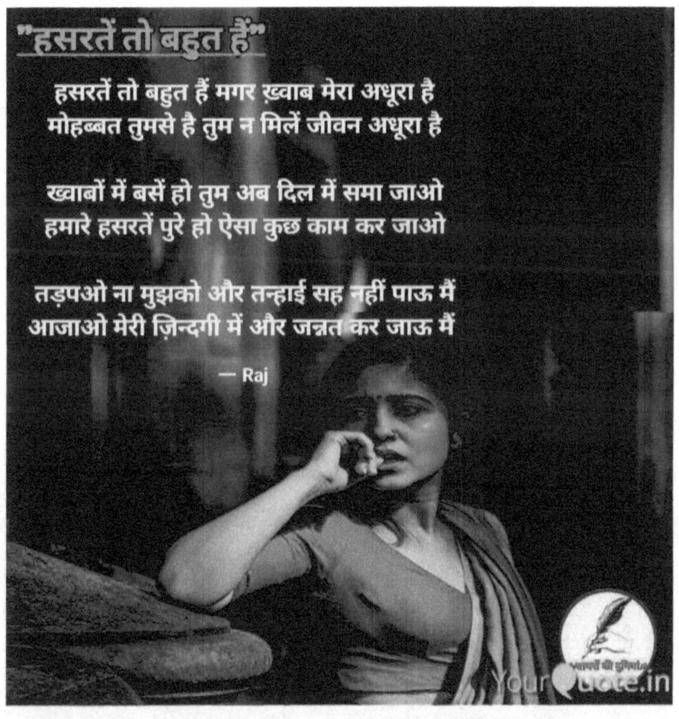

52. बस यही अच्छी ख़बर है

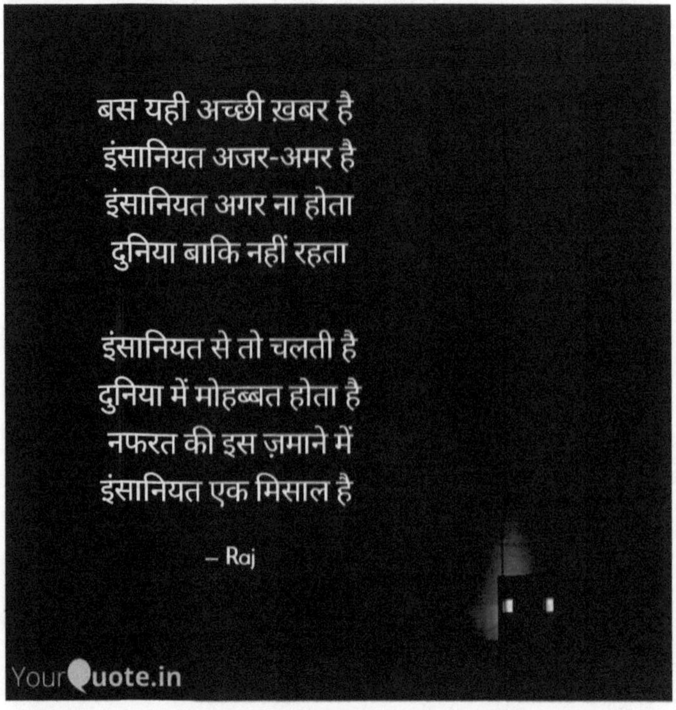

53. इशरत - ख़ुशी

इशरत चाहता हूँ मैं अपनी ज़िन्दगी में
कब तक रहूू मैं दर्द-ए-दिल के सहारे

आजाओ चले है हम मोहब्बत को बाटने
किसी को ज़रूरत हो या न हो ज़माने में

— Raj

इशरत/ عشرت
delight/ ख़ुशी

54. इतना भी न डरो

इतना भी न डरो

इतना भी न डरो, मोहब्बत किया करो
कोई और न मिले, ख़ुद से किया करो

मंज़िल दूर नहीं है, हिम्मत से चला करो
कोई भी मुश्किल आए, हर तकलीफ पार करो

— Raj

55. जीत-हार भूलकर

जीत-हार भूलकर

जीत-हार भूलकर ज़िन्दगी का ले मज़ा
नफ़रत को भूलकर मोहब्बत का ले मज़ा
इश्क़ से ही बनता है यह दुनिया अपना
नफ़रत से बिगड़ता है ताल दुनिया का
करके प्रेम इस दुनिया को सीखला दो
दो बूँद इश्क़ के समुन्दर से क्या रंग लता है

– Raj

56. कभी वो वक़्त भी आता है

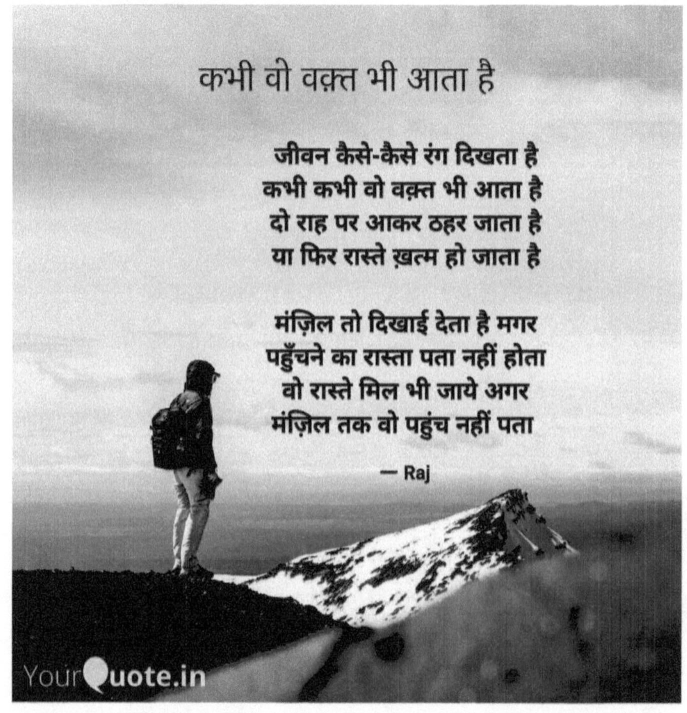

57. जीवन की कारवाँ

//जीवन की कारवाँ//

मंज़िल पर आकर रुख़ जाता है यह जीवन की कारवाँ
जिसकी मंज़िल अब दूर हो वो चलता रहता है हर जहाँ

मुश्किल घड़ी को पार करना मुश्किल है असंभव नहीं
जो भी उसे पार कर जायें कहलाता है सिकंदर वही

कुछ लोग यूँ ही ख़त्म हो जाता है पर मंज़िल पाता नहीं
राह चलते चलते थक जाता है पर हौसला खोता नहीं

कोशिश अपना करते रहो तुम हिम्मत ना हारों कभी
एक मिसाल बनकर तुम अपना छाप छोड़ जाओ यही

मुसाफिर है इस धरती पर हम, चलना अपना काम है
जब तक मंज़िल नसीब ना हो, चलते चलें जाना है

— Raj

YourQuote.in

58. प्यार से सजाइए

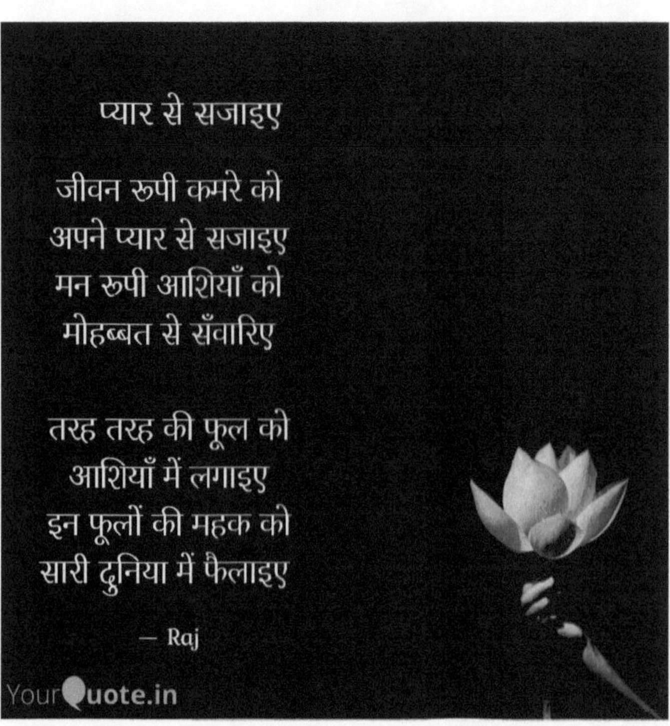

प्यार से सजाइए

जीवन रूपी कमरे को
अपने प्यार से सजाइए
मन रूपी आशियाँ को
मोहब्बत से सँवारिए

तरह तरह की फूल को
आशियाँ में लगाइए
इन फूलों की महक को
सारी दुनिया में फैलाइए

— Raj

YourQuote.in

59. जिनको मोहब्बत हमारे अल्फ़ाज़ो से

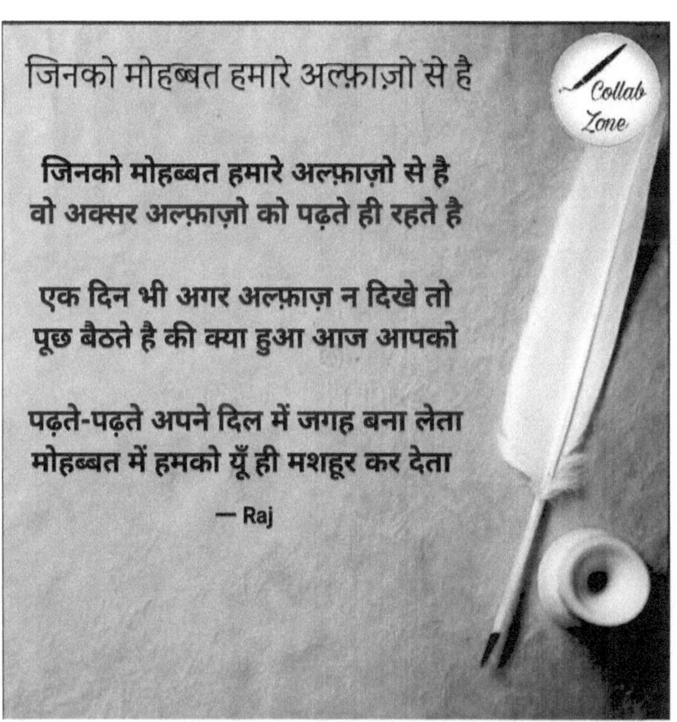

60. हम भी किस्से उम्मीद लगाए हैं

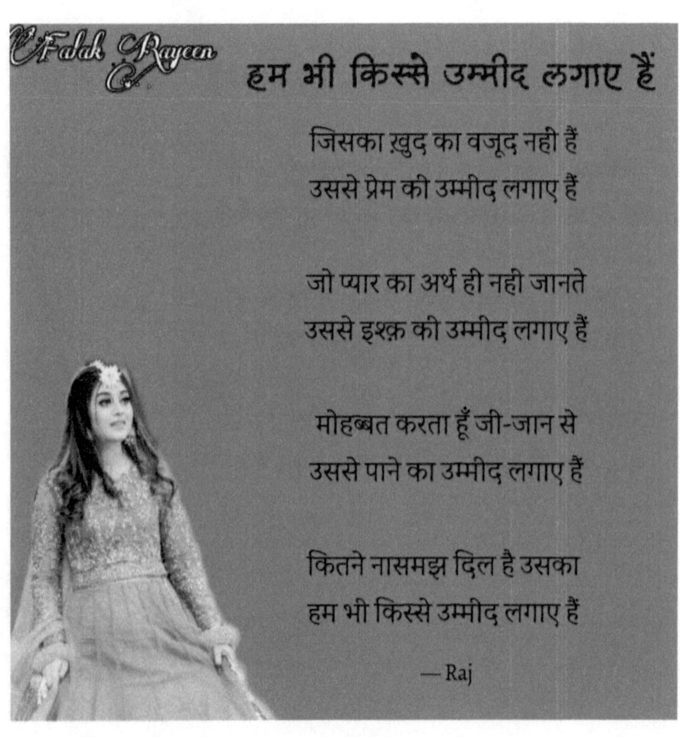

61. ऐसी कोई मंज़िल नहीं

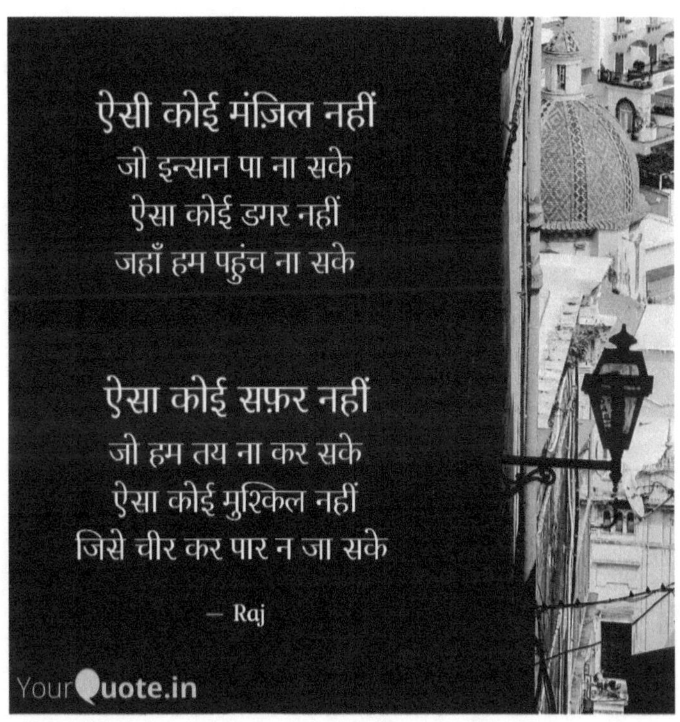

62. काश की आसमां मेरा

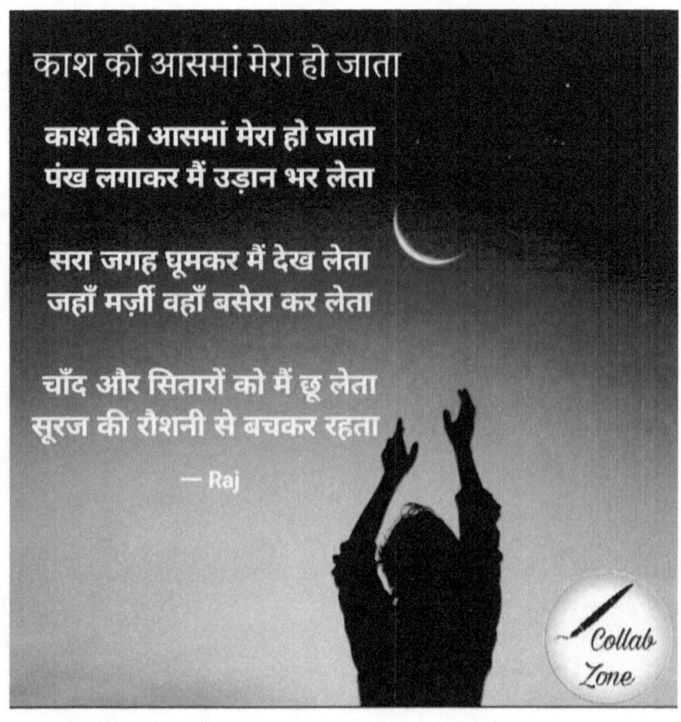

काश की आसमां मेरा हो जाता

काश की आसमां मेरा हो जाता
पंख लगाकर मैं उड़ान भर लेता

सरा जगह घूमकर मैं देख लेता
जहाँ मर्ज़ी वहाँ बसेरा कर लेता

चाँद और सितारों को मैं छू लेता
सूरज की रौशनी से बचकर रहता

— Raj

Collab
Zone

63. सुकून के पल

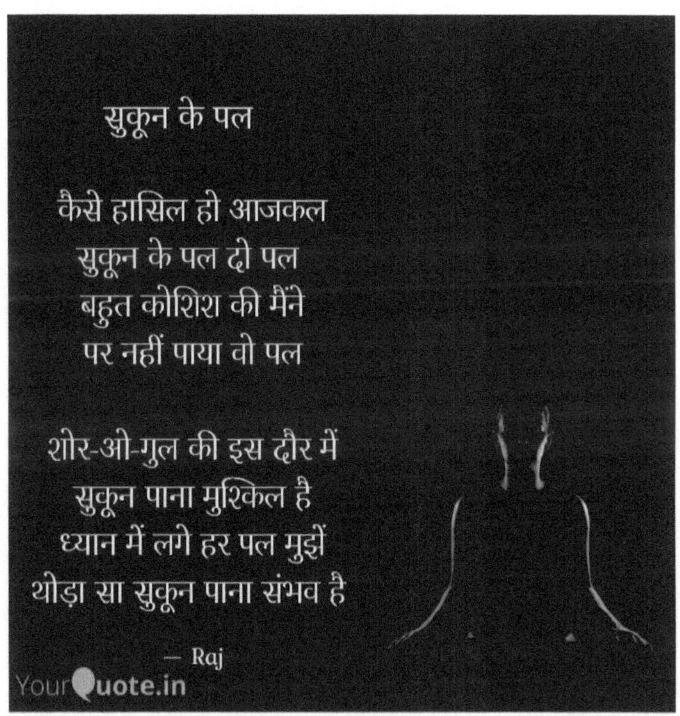

सुकून के पल

कैसे हासिल हो आजकल
सुकून के पल दो पल
बहुत कोशिश की मैंने
पर नहीं पाया वो पल

शोर-ओ-गुल की इस दौर में
सुकून पाना मुश्किल है
ध्यान में लगे हर पल मुझें
थोड़ा सा सुकून पाना संभव है

— Raj

64. कौन हूँ मैं और क्या...

कौन हूँ मैं और क्या औकात है मेरी
यह जानता नहीं बस आज़ाद रहता हूँ मैं

आज़ाद मुल्क का आज़ाद नागरिक हूँ
डरता नहीं कभी मैं झूठ और फ़रेब से

लड़ता रहता हूँ मैं इन्साफ दिलाने को
कोई न और तड़पे यहाँ नाइन्साफी से

कलम की ताकत न समझें है ये लोग
जो समझें है वो कभी पंगा नहीं लेते

डरता नहीं कभी मैं मौत की धमकी से
ज़िन्दगी में कौन जाने कब मौत आये

— Raj

YourQuote.in

65. कुछ वक़्त ख़ामोश रहो

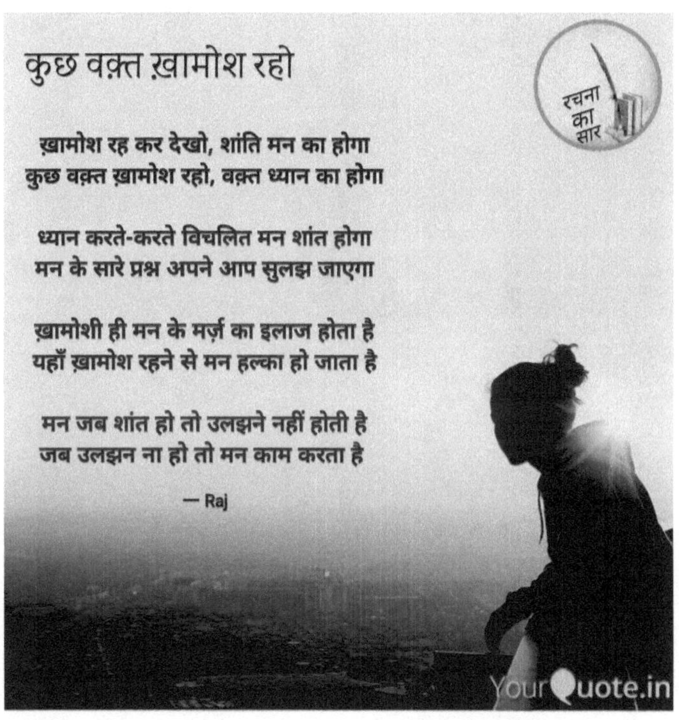

66. ख़्वाहिश

"ख़्वाहिश"

ख्वाहिश बहुत थे ज़िन्दगी में मेरे
पुरे कुछ हुए, कुछ रह गये अधूरे

उम्मीद है की वो भी पूरा हो जाए
जाने तकदीर में क्या लिखा है मेरे

यह ज़िन्दगी रास ना आया मुझको
सब छोड़ तन्हा रह गया ये सफ़र मेरे

— Raj

67. उसके साथ की एक ख्वाहिश

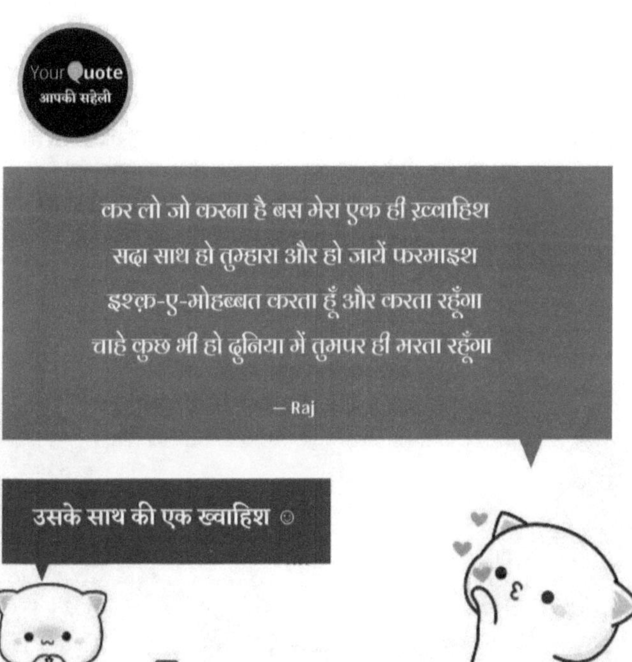

68. कुदरत का करिश्मा

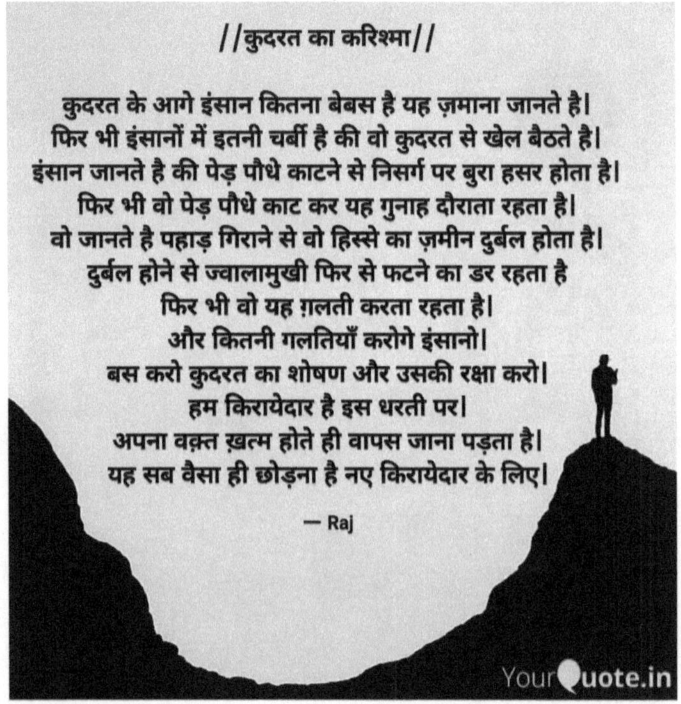

69. मानवता का अंत

मानवता का अंत हो रहा है (गद्य)
मानवता का अंत हो रहा है
विषाणु का कहर भी मचा है
चारो तरफ़ अंधेरा ही अंधेरा है
दुनिया लाशों की ढेर से सजा है
जहाँ देखो वहाँ मौत ही मौत है
दुनिया का अंत भी तो तय है
एक के ज़िद के आगे निसाहय है
तीसरा विश्व युद्ध भी होना बाकि है
ये निसर्ग भी कोपित है इन्सानों से
इन्सान निसर्ग से जो खेल रहा है
महा प्रलय और अग्नि वर्षा आना है
मानव ही मानव का अंत का कारण है
पेड़ पौधे काट कर मैदान साफ़ कर रहा है
कंक्रीट रोड को निर्माण भी कर रहा है
पहाड़ो को खोद कर पत्थर निकाल रहा है
यह नदियों से भी रेत निकाल रहा है
उससे ऊँचे ऊँचे ईमारत बना रहा है
कैसा न प्रकृति कोपित हो जाए
घोर कलयुग है कलयुग का अंत होना तय है
— Raj
Your Quote.in

70. काएनात - संसार

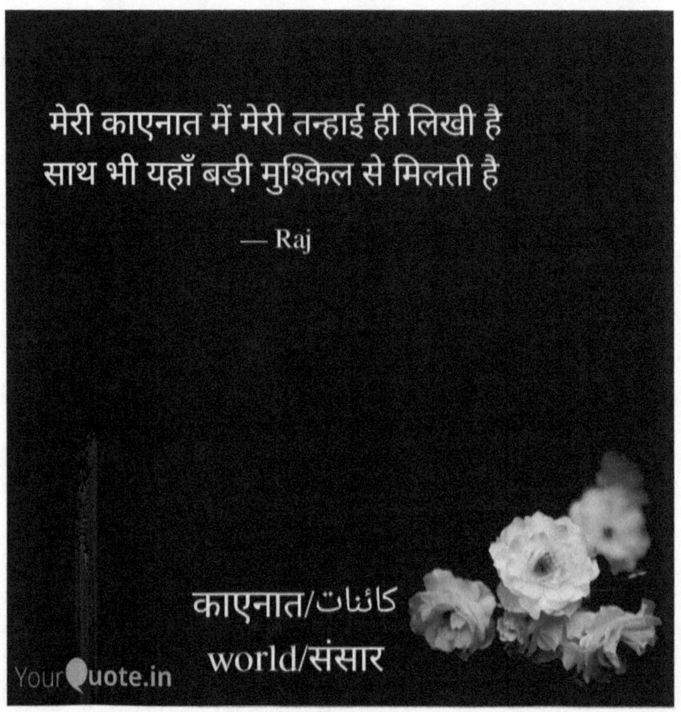

मेरी काएनात में मेरी तन्हाई ही लिखी है
साथ भी यहाँ बड़ी मुश्किल से मिलती है

— Raj

काएनात/کائنات
world/संसार

71. मिल जाएगा तुम्हे

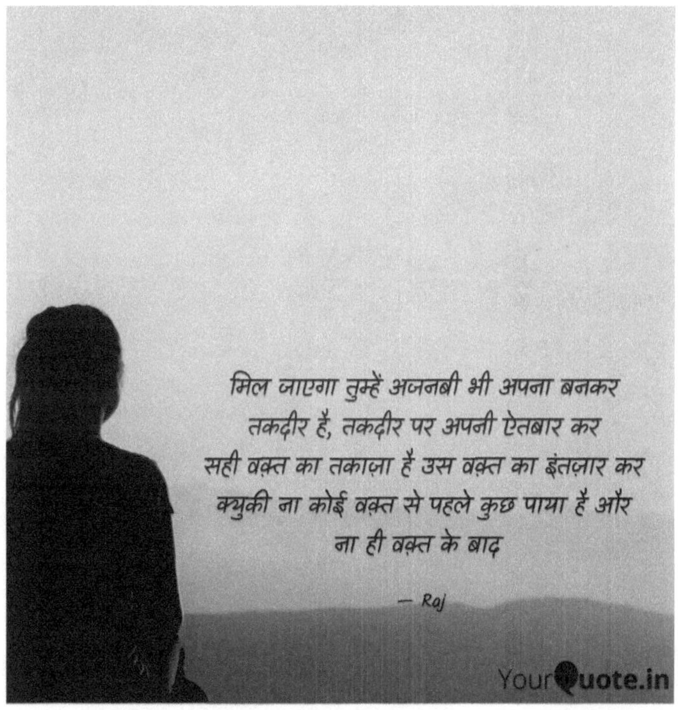

मिल जाएगा तुम्हें अजनबी भी अपना बनकर
तकदीर है, तकदीर पर अपनी ऐतबार कर
सही वक़्त का तकाज़ा है उस वक़्त का इंतज़ार कर
क्युकी ना कोई वक़्त से पहले कुछ पाया है और
ना ही वक़्त के बाद

— Raj

72. मतलब भरी दुनिया में

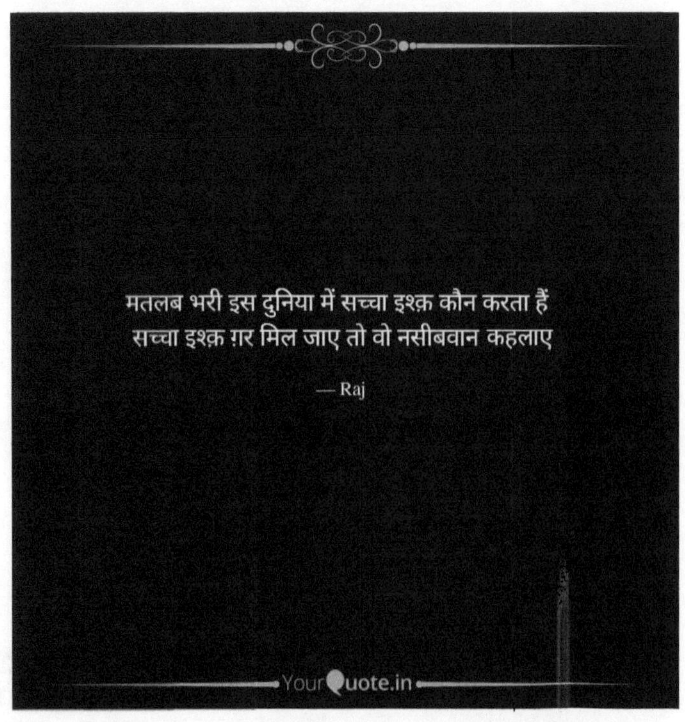

73. मुक़द्दर - किस्मत

मत रो अपनी मुक़द्दर पर होना है वो होगा
कर हौसला बुलंद अपनी और सिकंदर बन जा

— Raj

मुक़द्दर/مقدر
fate/ किस्मत

74. मुमताज़

YourQuote.in

//मुमताज़//

सोचा था एक ताजमहल बनाऊंगा अपनी मुमताज़ के नाम
पर क्या पता था मुमताज़ नहीं है तकदीर में मेरे बस ख़्वाब
यहाँ सारा उम्र गुजर गया मेरा उस मुमताज़ की तलाश में
कहीं नज़र नहीं और न ही मुलाक़ात हुई उस नज़नीन से
शायद एकांत ज़िन्दगी ही लिखी होगी यह मेरे तकदीर में
नहीं तो अब तक मुलाक़ात हो चुकी होती उस नज़नीन से

— Raj

75. जीवन ऐसा होना चाहिए

जीवन ऐसा होना चाहिए

नदी की लहर जैसा होता है
जीवन ऐसा होना चाहिए

फूलों की महक जैसा होता है
जीवन की महक होना चाहिए

मुश्किलें तो आती रहती है यहाँ
हर मुश्किल पार करना चाहिए

नदी की वो बहता पानी जैसा
जीवन बहता जाना चाहिए

— Raj

76. नज़ारा-ओ-ज़माना

नज़ारा-ओ-ज़माने का देखकर नहीं थकता
निसर्ग-ए-करिश्मा खूबसूरत सा मंज़र था
चंचलता-ओ-बचपन का रुके नहीं रुकता
खुशियों से भर हुआ जीवन वही तो पल था
– Raj
प्रेम मंथन

77. रुख़्सार - गाल

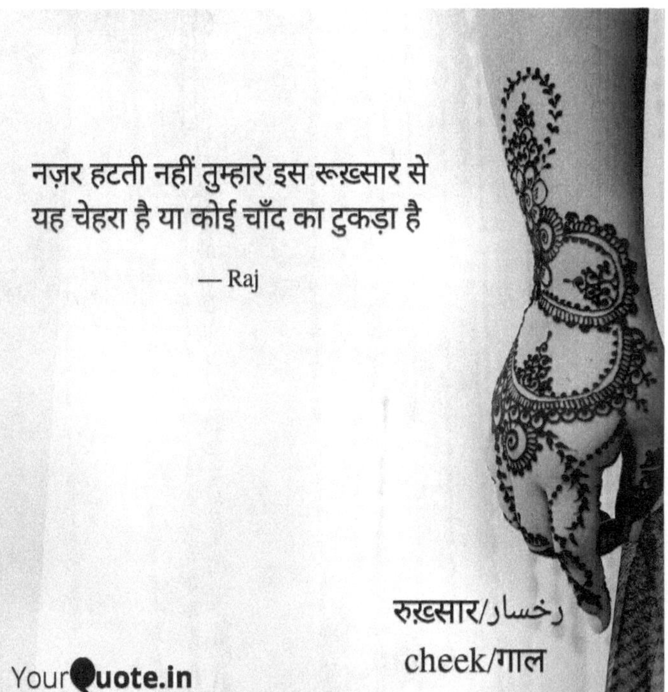

नज़र हटती नहीं तुम्हारे इस रूख़्सार से
यह चेहरा है या कोई चाँद का टुकड़ा है

— Raj

रुख़्सार/رخسار
cheek/गाल

YourQuote.in

78. फासले ऐसे भी होंगे

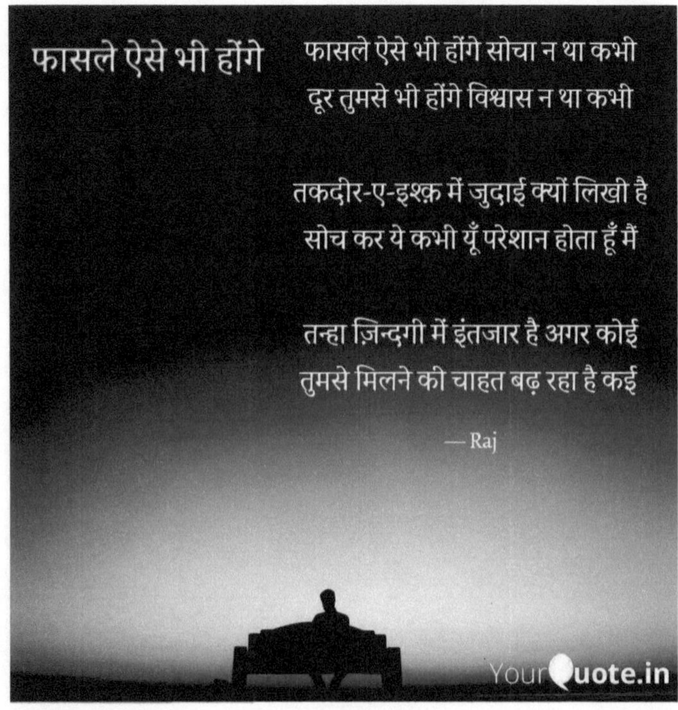

फासले ऐसे भी होंगे
फासले ऐसे भी होंगे सोचा न था कभी
दूर तुमसे भी होंगे विश्वास न था कभी

तकदीर-ए-इश्क़ में जुदाई क्यों लिखी है
सोच कर ये कभी यूँ परेशान होता हूँ मैं

तन्हा ज़िन्दगी में इंतजार है अगर कोई
तुमसे मिलने की चाहत बढ़ रहा है कई

— Raj

79. प्रेम का फूल

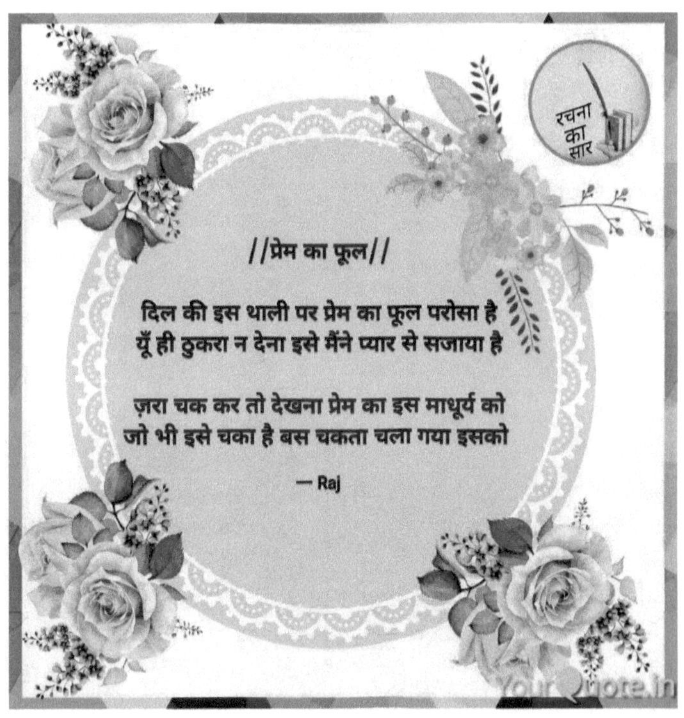

//प्रेम का फूल//

दिल की इस थाली पर प्रेम का फूल परोसा है
यूँ ही ठुकरा न देना इसे मैंने प्यार से सजाया है

ज़रा चक कर तो देखना प्रेम का इस माधूर्य को
जो भी इसे चका है बस चकता चला गया इसको

— Raj

80. रात सोती क्यों नहीं

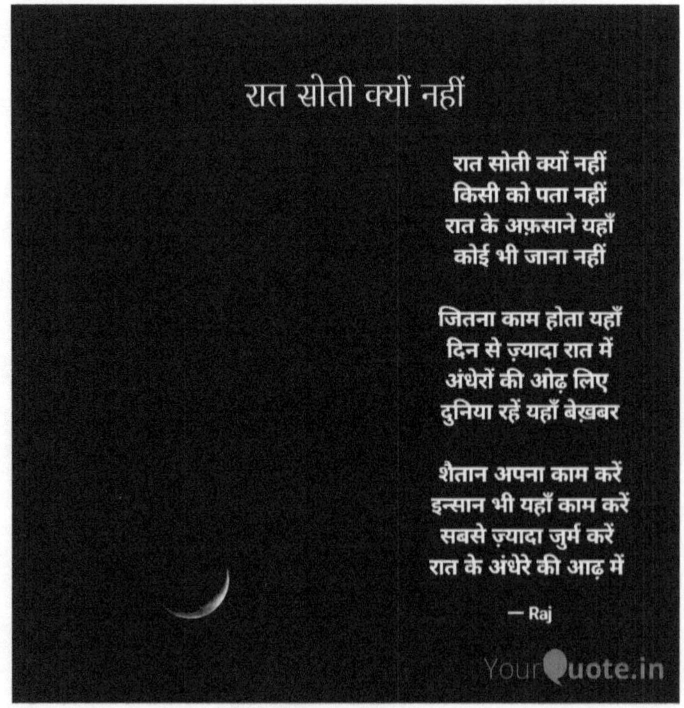

रात सोती क्यों नहीं

रात सोती क्यों नहीं
किसी को पता नहीं
रात के अफ़साने यहाँ
कोई भी जाना नहीं

जितना काम होता यहाँ
दिन से ज़्यादा रात में
अंधेरों की ओढ़ लिए
दुनिया रहें यहाँ बेख़बर

शैतान अपना काम करें
इन्सान भी यहाँ काम करें
सबसे ज़्यादा जुर्म करें
रात के अंधेरे की आढ़ में

— Raj

81. रेत की तरह

YourQuote.in
रेत की तरह
रेत की तरह उड़ी मेरी ज़िन्दगी
छूट गया मेरा यह सारी बंधगी

इश्क़ किया है करता रहूँगा मैं
कुछ भी हो यूँ मरता रहूँगा मैं

चाहे कीमत न हो मेरे प्यार की
एक दिन एहसास होगा नाम की

देर हो चुका होगा जब एहसास हो
बहुत तड़पोगी तुम जब महसूस हो

— Raj

82. सुबह की पहली किरण

83. सुकून की तलाश में

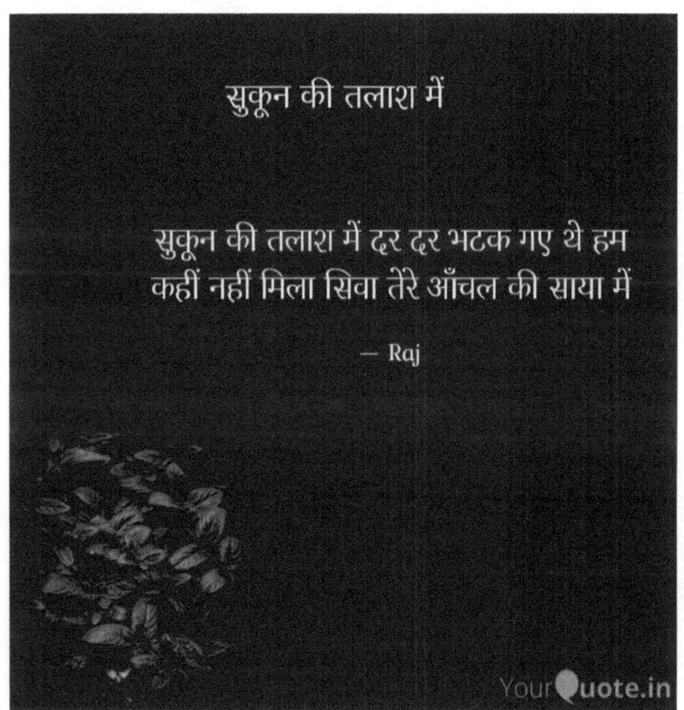

84. तेज हवा और बरसात

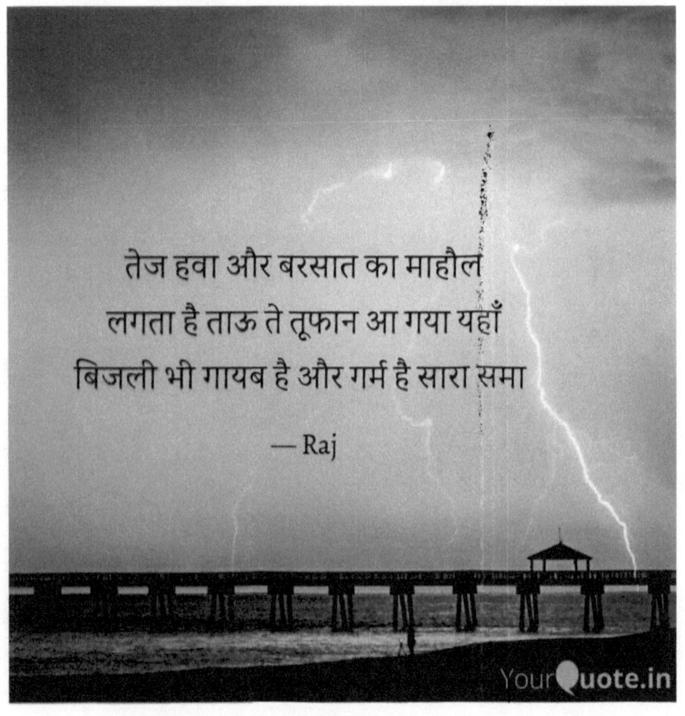

85. गुमनाम होकर ज़िन्दा है

86. तलाश

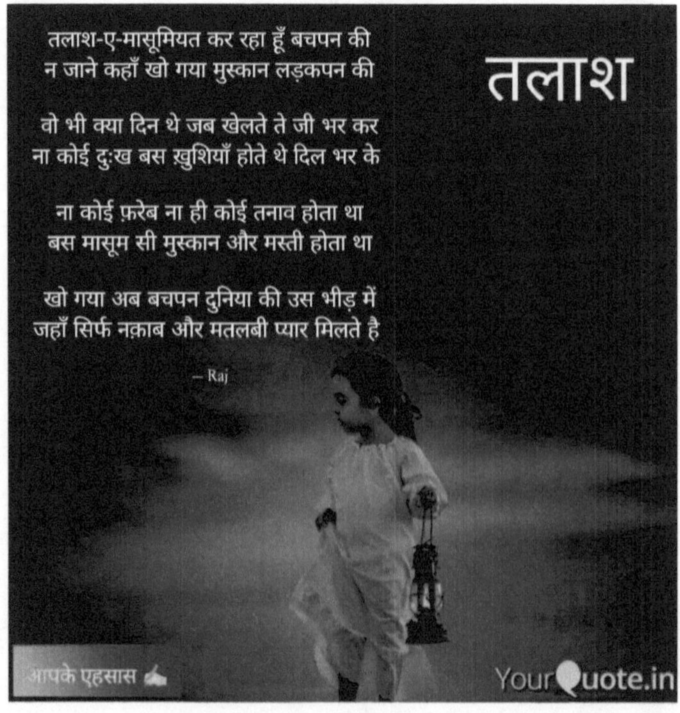

तलाश-ए-मासूमियत कर रहा हूँ बचपन की
न जाने कहाँ खो गया मुस्कान लड़कपन की

वो भी क्या दिन थे जब खेलते ते जी भर कर
ना कोई दुःख बस ख़ुशियाँ होते थे दिल भर के

ना कोई फ़रेब ना ही कोई तनाव होता था
बस मासूम सी मुस्कान और मस्ती होता था

खो गया अब बचपन दुनिया की उस भीड़ में
जहाँ सिर्फ नक़ाब और मतलबी प्यार मिलते है

— Raj

तलाश

आपके एहसास

Your Quote.in

87. किनारे से लौट आये

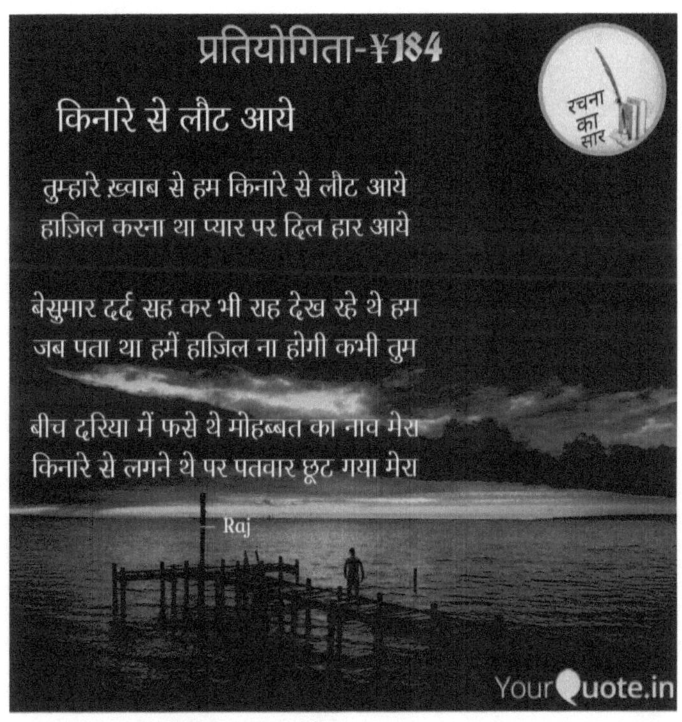

प्रतियोगिता-¥184
किनारे से लौट आये
तुम्हारे ख्वाब से हम किनारे से लौट आये
हाज़िल करना था प्यार पर दिल हार आये

बेसुमार दर्द सह कर भी राह देख रहे थे हम
जब पता था हमें हाज़िल ना होगी कभी तुम

बीच दरिया में फसे थे मोहब्बत का नाव मेरा
किनारे से लगने थे पर पतवार छूट गया मेरा
— Raj
YourQuote.in

88. रक़्स - नृत्य

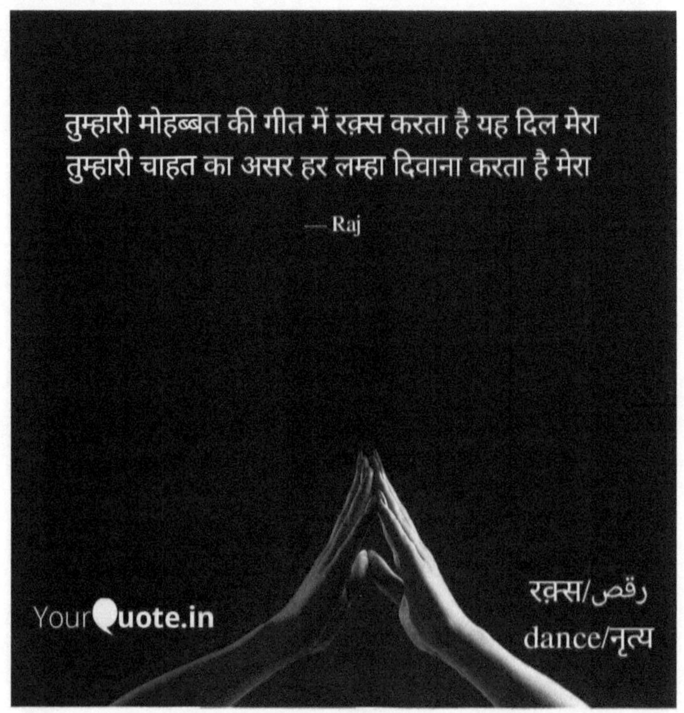

तुम्हारी मोहब्बत की गीत में रक़्स करता है यह दिल मेरा
तुम्हारी चाहत का असर हर लम्हा दिवाना करता है मेरा

— Raj

YourQuote.in

रक़्स/رقص
dance/नृत्य

89. क़ातिल अदाएं

"क़ातिल अदाएं" तुम्हारी यह क़ातिल अदाएं दिल पर वार कर गईं
मनमोहक होकर यह दिल मेरा तुम पर हार गई

मोहब्बत हो गया अब दिल को कोई होश नहीं
तुम्हारी आँखों की इस नशें में मदहोश हो गई

सूझता नहीं अब कुछ भी इस दिल को मेरे सनम
जहाँ देखूँ बस तुम ही तुम नज़र आ रहा है सनम

— Raj

90. इस काँटों भरी ज़िंदगी में

91. तुमने देखा है सिर्फ आँखों को

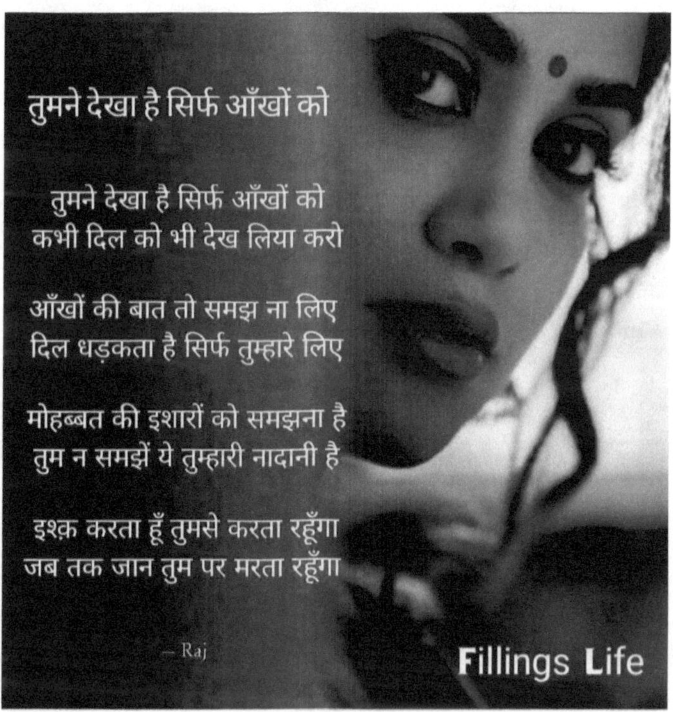

92. उतार चढ़ाव ज़िंदगी के

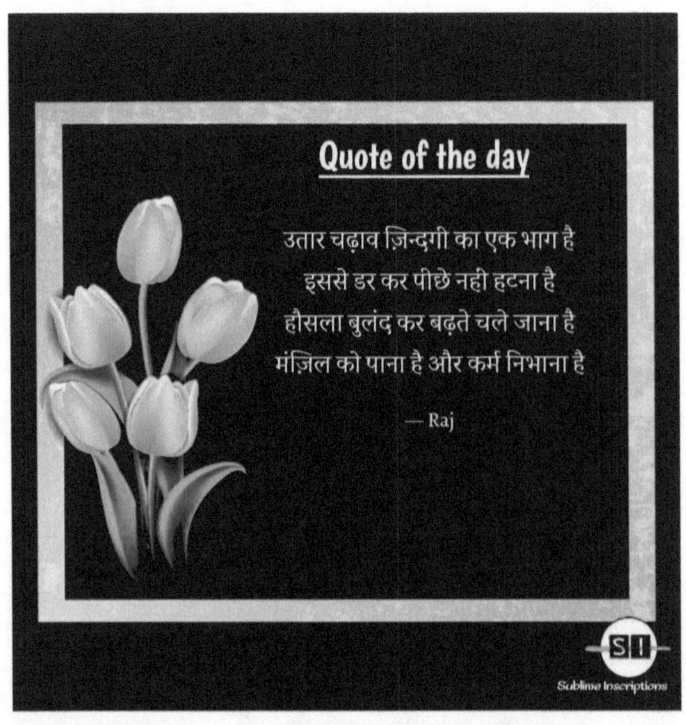

93. वादा करने वाले

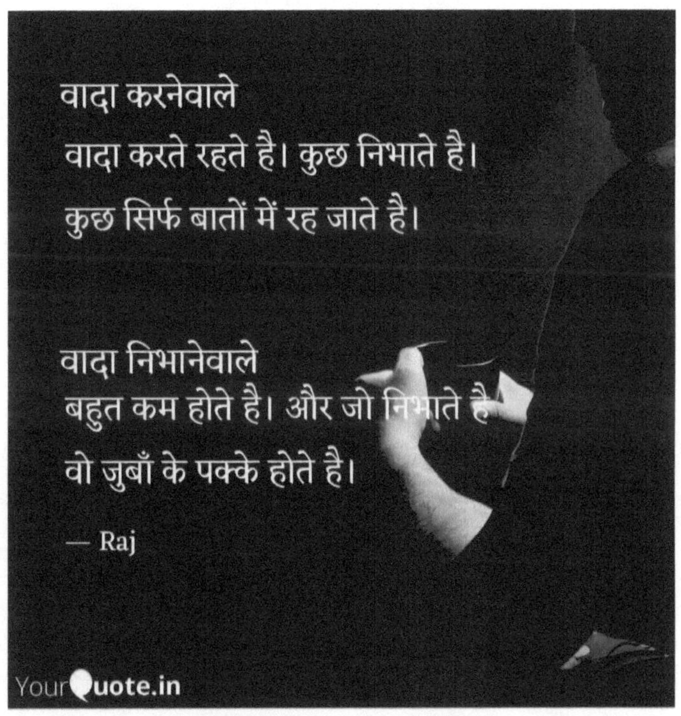

वादा करनेवाले
वादा करते रहते है। कुछ निभाते है।
कुछ सिर्फ बातों में रह जाते है।

वादा निभानेवाले
बहुत कम होते है। और जो निभाते है
वो जुबाँ के पक्के होते है।

— Raj
YourQuote.in

94. आजाद रहिये विचारों से

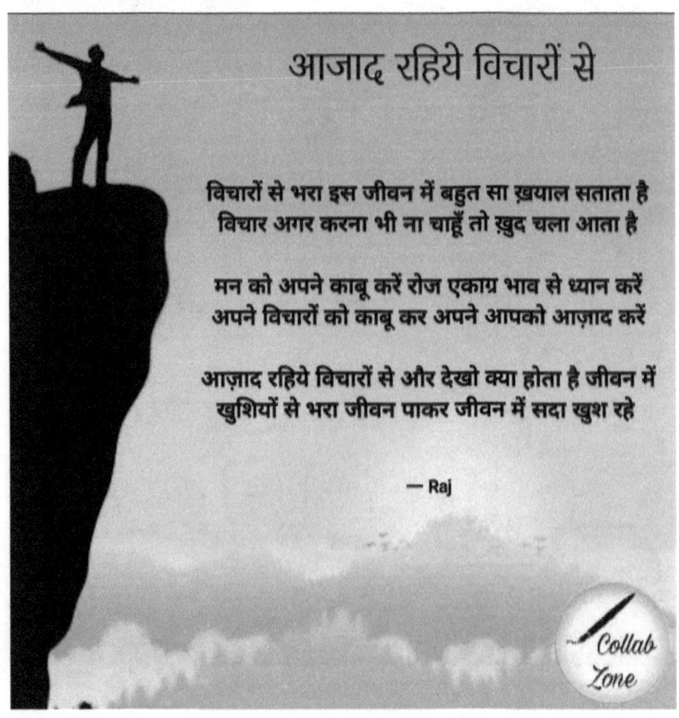

95. तुम्हारा साथ

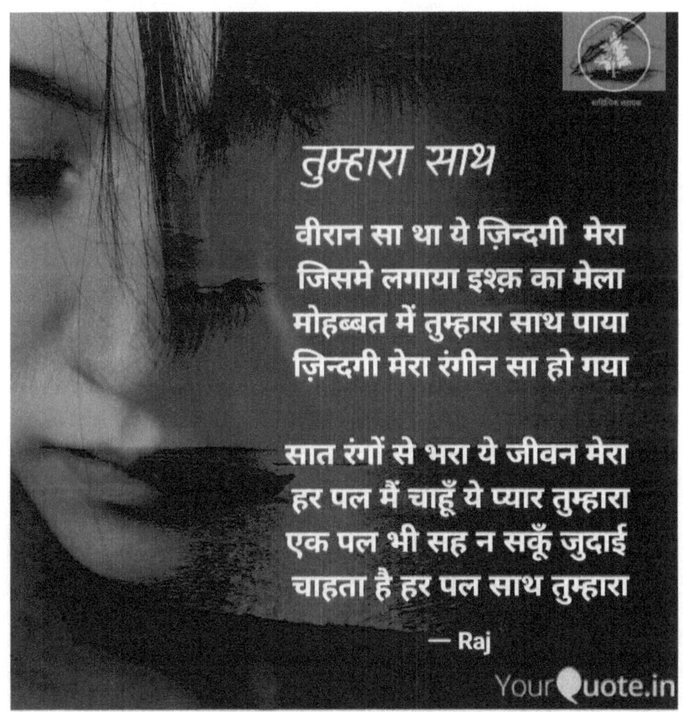

तुम्हारा साथ

वीरान सा था ये ज़िन्दगी मेरा
जिसमे लगाया इश्क़ का मेला
मोहब्बत में तुम्हारा साथ पाया
ज़िन्दगी मेरा रंगीन सा हो गया

सात रंगों से भरा ये जीवन मेरा
हर पल मैं चाहूँ ये प्यार तुम्हारा
एक पल भी सह न सकूँ जुदाई
चाहता है हर पल साथ तुम्हारा

— Raj

YourQuote.in

96. इंसानियत का नमो निशान

इन्सानियत का नमो निसान

वो पतझड़ ही क्या जिसमे बहार न हो
वो दिल ही क्या जिसमे मोहब्बत न हो

नफ़रत की आंधी फैला है चारों ओर
मौत के आगे सर झुका रहा है लोग

घमंड बहुत था इन्सानों को जहाँ में
उसे चूर चूर कर दिया इस ज़माने ने

इन्सानियत का नमो निसान नहीं था
अब एक दूसरे की मदद को निकले हैं

निसर्ग से खेल बैठा था इन्सान यहाँ
उसने इन्सान को यहाँ पाठ सिखाया है

महामारी के चलते इन्सानों को जहाँ में
आसमां से ज़मीन पर खींच लाये है

— Raj

97. ये ग़म भी चलेगा

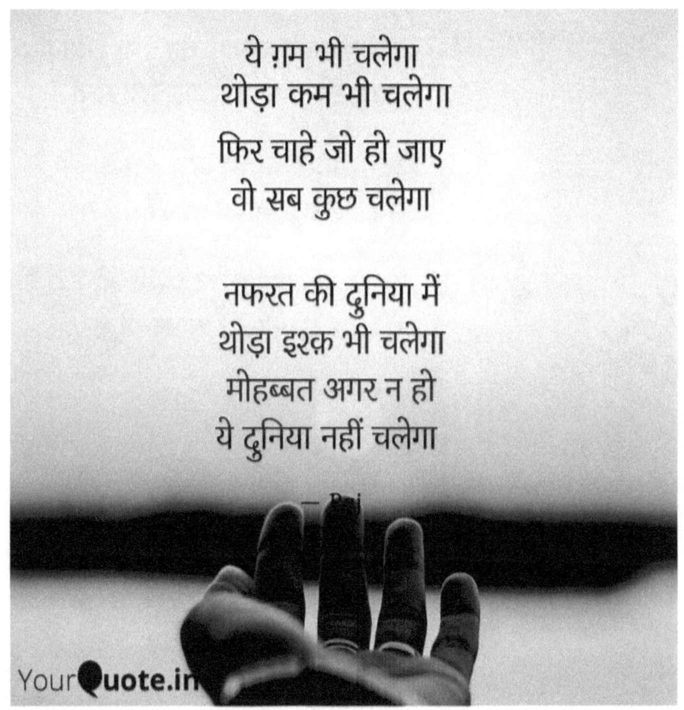

ये ग़म भी चलेगा
थोड़ा कम भी चलेगा

फिर चाहे जो हो जाए
वो सब कुछ चलेगा

नफरत की दुनिया में
थोड़ा इश्क़ भी चलेगा
मोहब्बत अगर न हो
ये दुनिया नहीं चलेगा

— Raj

98. आलम-ए-तन्हाई

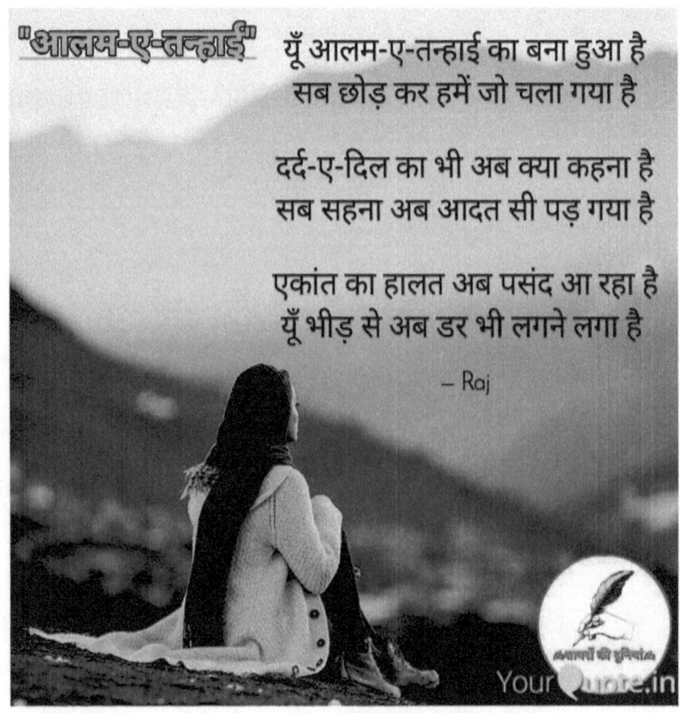

"आलम-ए-तन्हाई"
यूँ आलम-ए-तन्हाई का बना हुआ है
सब छोड़ कर हमें जो चला गया है

दर्द-ए-दिल का भी अब क्या कहना है
सब सहना अब आदत सी पड़ गया है

एकांत का हालत अब पसंद आ रहा है
यूँ भीड़ से अब डर भी लगने लगा है

– Raj

99. सफ़ - पंक्ति

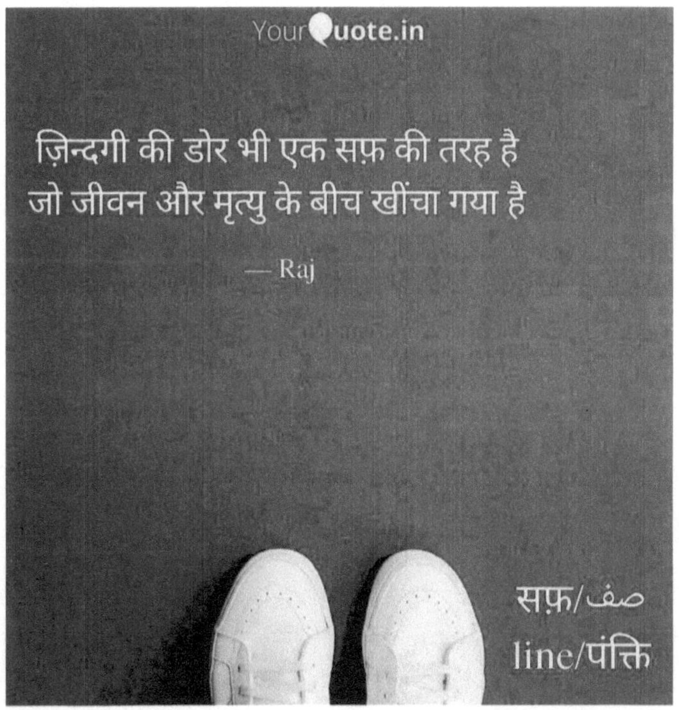
YourQuote.in
ज़िन्दगी की डोर भी एक सफ़ की तरह है
जो जीवन और मृत्यु के बीच खींचा गया है
— Raj
सफ़/صف
line/पंक्ति

100. सफ़र की तलाश

सफ़र की तलाश
ज़िन्दगी की इस सफ़र में मंज़िल की तलाश होते है
सफ़र की तलाश करने वाले मंज़िल को खो देते हैं

जीवन की इस सफ़र में मंज़िल मौत का होता है
इस छोटी सी जीवन काल में लोग तमाशा करते है

ना जाने कौन सा जुनून, कौन सी हवस लगा रहता है
दिन रात भागते रहते है और थक कर सो जाते है

— Raj

अस्वीकरण

सभी रचनाएँ कल्पना पर आधारित हैं। इसका लेखक के जीवन या ब्रह्मांड में किसी से कोई लेना-देना नहीं है। सभी लेख काल्पनिक हैं और किसी जीवित या मृत व्यक्ति से कोई समानता नहीं है। यदि कोई समानता है तो यह मात्र संयोग है।

लेखक की जीवनी

श्री के.सी. श्रीराज मेनन, जिनका जन्म केरल के एक संपन्न परिवार में 09 सितंबर 1973 को श्री कोझीपुरथ संकुन्नी मेनन और श्रीमती किज़हारा चालापुरथ सेथुलक्ष्मी मेनन के घर हुआ और महाराष्ट्र में अधिवासित हैं। वह बचपन से ही तेज-तर्रार शायरी करते थे, कहते और भूल जाते थे। एक बार उनके एक करीबी दोस्त ने इस पर गौर किया और उन्हें जो भी कविताएँ या उद्धरण कहते थे, उन्हें लिखने के लिए मजबूर किया और तब से उन्होंने लिखना शुरू कर दिया। उन्होंने अपनी कविताओं और उद्धरणों को अपने और अपने करीबी दोस्तों के पास तब तक सीमित रखा जब तक उन्हें अपने कामों को ऑनलाइन लिखने के लिए एक मंच नहीं मिला। वह Your Quote साइट पर एक सक्रिय लेखक हैं और उन्हें प्रतियोगिता के लिए कई प्रशंसापत्र और प्रमाणपत्र प्राप्त हुए हैं। वह एक बहुभाषी लेखक हैं और उनका लेखन विस्मयकारी है। चाहे वह अंग्रेजी, हिंदी, उर्दू, मलयालम और मराठी हो, वह सभी भाषाओं में उत्कृष्ट है। वह कई दिलचस्प लेखकों के लिए एक बड़ी प्रेरणा भी हैं। वह मुंबई विश्वविद्यालय से स्नातक हैं। वह एक एकाउंटेंट हैं और एक स्व-शिक्षित कंप्यूटर इंजीनियर भी हैं। उनके कौशल शीर्ष पायदान पर हैं और उनके पास कई प्रमाणपत्र हैं। अभिनय, लेखन, पेंटिंग और नृत्य और संगीत सुनना आदि... आदि उनके जुनून हैं।

Mail Id.:- shreeraj_m@yahoo.co.uk

www.ingramcontent.com/pod-product-compliance
Lightning Source LLC
Chambersburg PA
CBHW032021140726
47988CB00017BA/900